Der Engländer Mike Jones machte zum ersten Mal von sich reden, als er 1969 den Oberlauf des Inns in der Schweiz mit dem Kanu bewältigte. Der berühmte Bergsteiger Chris Bonington verglich den Schwierigkeitsgrad dieser Wildwasserfahrt mit der Besteigung der Eiger-Nordwand.

Mike Jones beteiligte sich an der ersten britischen Kanuexpedition durch den Grand Canyon, befuhr 350 Kilometer weit den turbulenten Blauen Nil, und 1977 gelang ihm die erfolgreiche Bewältigung der größten Stromschnellen der Welt, der Maipures auf dem Orinoco-Fluß. Mike Jones ertrank während einer Expedition durch den Karakorum in Pakistan im Jahre 1978.

W0071892

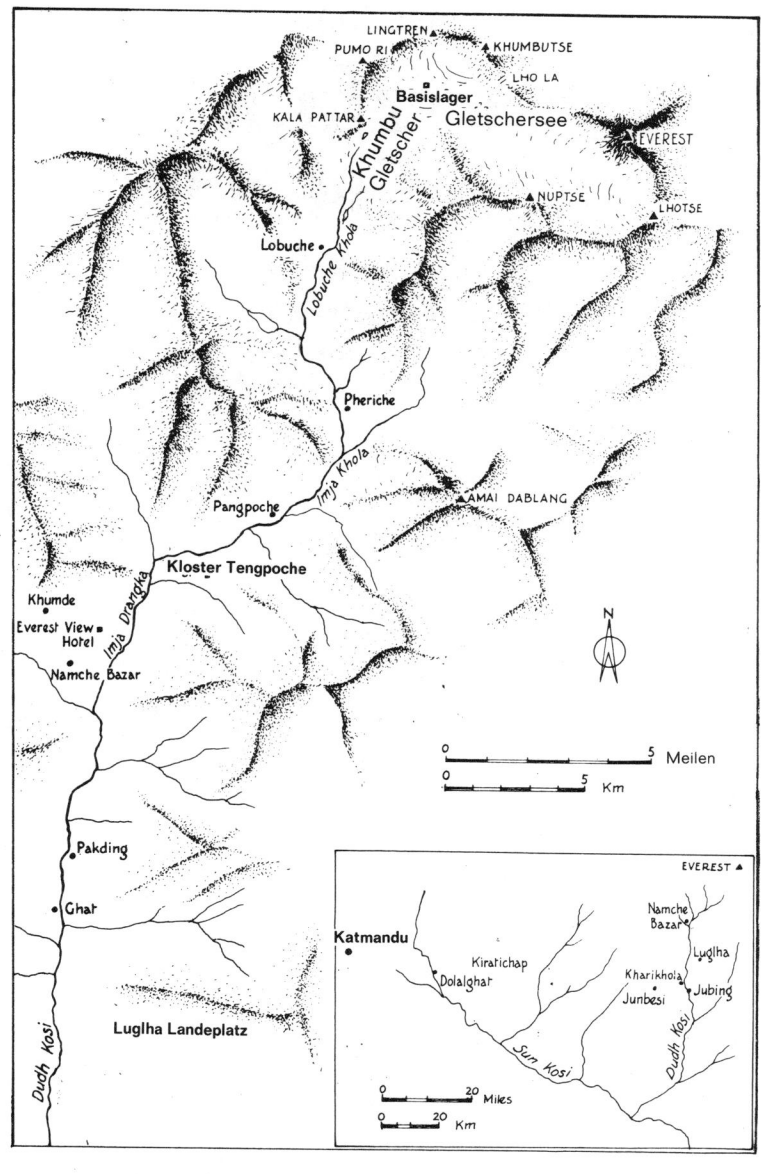

Mike Jones

Sturzfahrt vom Everest

Mit dem Kajak durch Wildwasser und ewiges Eis

Aus dem Englischen
von Jürgen von Schach

SIERRA

Seit dieser waghalsigen „Sturzfahrt vom Everest" sind mehr als zwanzig Jahre vergangen. Auch wenn sich die Begebenheiten in Katmandu und in großen Teilen Nepals inzwischen verändert haben, so ist die gewaltige Natur, mit der sich Mike Jones und sein Team gemessen haben, doch dieselbe geblieben.

Die Deutsche Bibliothek - CIP-Einheitsaufnahme
Ein Titeldatensatz für diese Publikation ist bei
Der Deutschen Bibliothek erhältlich.

REISEN · MENSCHEN · ABENTEUER

2. überarbeitete Auflage 2001
SIERRA bei Frederking & Thaler Verlag, München
in der Verlagsgruppe Bertelsmann GmbH
© 1989 Frederking & Thaler GmbH, München
Alle Rechte vorbehalten
© 1979 bei Mike Jones
erschienen bei Hodder and Stoughton, London
Originaltitel: Canoeing down Everest
Titelfoto: Bildagentur Stone
Fotos: Leo Dickinson, Fred Schmidkonz (12), Bildagentur Mauritius (2) S. 9, 23
Umschlaggestaltung: Atelier Seidel, Altötting
Lektorat: Susanne Härtel, München
Produktion: Sebastian Strohmaier, München
Gesamtherstellung: Presse-Druck Augsburg
Papier: Das Papier wurde aus chlorfrei gebleichtem Zellstoff hergestellt
ISBN 3-89405-020-9

www.frederking-und-thaler.de

Inhalt

Schwierigkeitsgrade im Wildwasser

Wildwasserkriterien

Der Schwierigkeitsgrad vom Wildwassern ist durch eine internationale Einteilung in sechs Kategorien definiert worden:

Grad 1 (WW 1)	ruhig abfließendes Wasser, leicht befahrbar
Grad 2 (WW 2)	abfließendes Wasser mit gelegentlicher Felsverblockung. Geringe Schwierigkeiten
Grad 3 (WW 3)	abfließendes Wasser, felsverblockt, kleine Fälle, Strömung unter Uferbewuchs, erhebliche Schwierigkeiten
Grad 4 (WW 4)	starke Abfälle und Verblockungen, schlechte Übersicht. Schweres Wildwasser
Grad 5 (WW 5)	anhaltende Stromschnellen, starkes Gefälle. Schwerstes Wildwasser
Grad 6 (WW 6)	Nicht befahrbar oder unter Lebensgefahr

Eine Wahnsinnsidee

1849 wurde er entdeckt, 1853 nach George Everest benannt, 1930 überflogen, 1953 bestiegen. Eine Frau hat auf seinem Gipfel gestanden, die Japaner sind ihn auf Skiern hinabgefahren – 1976 beschließe ich, ihn im Kajak hinabzupaddeln. Er – das ist der Mount Everest, mit 8848 m der höchste Berg der Welt.

Er liegt in der Gebirgskette des Himalaja zwischen Nepal und Tibet, und seit seiner Entdeckung hat er die Alpinisten angezogen wie ein Magnet. Wieviel Geld, Anstrengungen und Leben hat der Versuch gekostet, die wenigen Quadratmeter Schnee zu erreichen, wo Hillary und Tensing 1953 standen und damit die ersten waren, die das „Dach der Welt" eroberten – den Punkt, über den hinaus niemand klettern kann.

Das Everestgebiet ist voller Gletscher, die sich langsam bergab bewegen. Bei einigen sammelt sich das Schmelzwasser in der zerklüfteten Kruste und bildet Seen von unterschiedlicher Größe. Einer von den größeren liegt gut fünftausend Meter hoch zu Füßen des Khumbu-Gletschers. Aus diesem See fließen Bäche ab und bahnen sich ihren Weg durch eine Endmoräne von Eistrümmern, Schutt und Steinen. Da ist zunächst der Imja Khola und dann der Imja Dranka, die sich etwa eintausend Meter tiefer zum Dudh Kosi vereinigen, einem reißenden Gebirgsstrom, einem donnernden Wildwasser, einer Bob-Bahn aus Eiswasser. Auf einer Strecke von mehr als hundertdreißig Kilometer stürzt und strudelt er durch wilde, atemberaubende Schlünde, bis er sich, viertausend Meter tiefer, fast entkräftet in den Sun

Kosi ergießt, von dort in den Arun und zuletzt in den Ganges.

Ich hatte mit Alpinisten gesprochen und ihre Fotos betrachtet. Vielleicht war es ja möglich, den Gletschersee zu umfahren, auch wenn er zeitweilig überfroren und manchmal voller Eisschollen ist, dann das Boot durch die Endmoräne zu tragen und schließlich den höchsten, steilsten und schnellsten Flußlauf der Welt hinabzusausen.

Hier meine Idee: Ich nehme ein leichtes Vier-Meter-Glasfiberkajak, aus dem herauszufallen allerdings eine Katastrophe bedeutet, denn in so eisigem, strudelndem Wasser ist an Schwimmen kaum zu denken. Aber einen solchen Fluß bei einer Wassertemperatur von knapp über null Grad zu befahren, stellenweise mit fünfundvierzig Stundenkilometer durch ein zerklüftetes Bett voller Felsblöcke – was für eine Herausforderung! Und bestimmt die aufregendste Wildwasserfahrt, die man sich vorstellen kann. In dieser Höhe ist die Luft so sauerstoffarm, daß man kaum atmen kann und bald an die Grenzen seiner Kraft stößt. Das Paddeln wird dann zur Qual. Im Gegensatz zum Bergsteiger kann ich keine Ruhepause einlegen, wenn mir danach zumute ist, sondern muß, wenn ich flußabwärts schieße, immer voll dasein. Eine unwiderstehliche Herausforderung!

Ich werde Begleiter mitnehmen müssen – einige Kanuten, eine Hilfsmannschaft am Ufer und auch ein paar Kameraleute; denn ein Film kann die Kosten einer solchen Expedition wieder hereinbringen. Ohne Hilfsmannschaft muß man Nahrung, Kleidung, Zelte und Schlafsäcke in den Kajaks mitnehmen. Das habe ich schon gemacht und weiß deshalb, wie sehr die Ausrüstung die Boote belastet. Sie werden unhandlich und sind in unruhigem Wasser schwer zu manövrieren. Bei einem Himalaja-Fluß ist es auf jeden Fall sicherer, das hinderliche Gepäck Trägern zu überlassen.

Der Mount Everest – der höchste Berg der Welt

Wenn wir auf dem Wasser in Schwierigkeiten geraten, kann die Hilfsmannschaft uns retten. Sie kann sich auch um das Lager kümmern und die Träger aufstellen, die nicht nur unsere Ausrüstung transportieren, sondern auch die Ersatzboote mitführen müssen. Wenn nämlich alles, was man mir gesagt hat, den Tatsachen entspricht, braucht jeder von uns mindestens zwei Boote. Im felsigen Flußbett wird *eines* bestimmt zu Bruch gehen . . .

Je mehr ich über die Expedition nachdenke, desto umfangreicher wird sie, und während ich all die komplizierten Einzelheiten bedenke, wird mir klar, daß ich die wichtigste Frage noch gar nicht beantwortet habe. Wird der Dudh Kosi genügend Wasser für unsere Boote führen? Wenn ja, in welcher Jahreszeit und wieviel? Es ist der Alptraum eines Kanuten, sein Boot zu einer schwer zugänglichen Stelle hinaufzuschleppen, nur um dann festzustellen, daß der Wasserstand des Flusses nicht hoch genug ist, um ein Kajak schwimmen zu lassen. Führt der Dudh Kosi für unsere Schußfahrt durch das rauhe Flußbett genug Schmelzwasser vom Everest, ehe der Monsun beginnt? Oder müssen wir während des Monsuns hinaufsteigen, um den höchsten Punkt unserer Expedition auch wirklich dann zu erreichen, wenn das Wasser seinen Höchststand erreicht hat? Der zeitliche Ablauf der Expedition bedarf sorgfältiger Planung.

Was wollen wir überhaupt da oben? Nun, ich denke an einen neuen Höhenweltrekord im Kajakfahren, einmal durch die Paddelstrecke auf dem See in fünftausend Meter Höhe und dann durch die Abfahrt vom höchsten Fluß der Erde. Den letzten Höhenrekord hatte im Jahre 1975 eine westdeutsche Kajakmannschaft aufgestellt, als sie in ungefähr dreitausendsechshundert Meter Höhe den Indus befuhr. Ich dagegen will tausendsiebenhundert Meter höher beginnen und nach einer Strecke von einhundertdreißig Kilometer auf ungefähr eintausenddreihundert Meter herunterkommen.

Leider hat England für den Kanusport nur wenig wirklich schwierige Wasserläufe. Nach heftigem Regenfall gibt es wohl hier und da ein paar Strecken, die bei hohem Wasserstand das Interesse eines Kanuten erregen können, so daß er schließlich mit klopfendem Herzen die Abfahrt wagt. Aber die Britischen Inseln bieten nichts, was mit den Wildwassern der Alpen vergleichbar wäre, geschweige denn mit den Himalaja-Flüssen. Der Dudh Kosi stellt also auf seiner gesamten Länge eine Herausforderung ohnegleichen für uns dar.

Folgende Zahlen sollen eine Vorstellung davon vermitteln, wie steil das Gefälle des Dudh Kosi ist. Der Colorado im Grand Canyon fällt auf einen Kilometer Länge zwei Meter, der künstliche Wasserlauf bei Augsburg, wo 1972 das olympische Kanu-Slalom abgehalten wurde, auf gleicher Länge sogar zehn Meter. Der Dudh Kosi aber kommt bei dieser Strecke auf ein Gefälle von sechsundfünfzig Meter! Solch einen Fluß ist garantiert noch niemand mit dem Kajak hinuntergerast.

Dudh Kosi ist nepalesisch und bedeutet „Milchfluß". Das hat zwei Gründe. Einmal geben ihm die mitgeführten Schlammbestandteile der Endmoräne eine milchige Farbe. Außerdem sprudelt er dort, wo die vielen zackigen Felsbrocken das heranrasende Wasser brechen und es aufpeitschen, cremig-weiß. Nie ist er sanft, nie still, und so findet der Kanute auf dem Oberlauf des Dudh Kosi kaum eine ruhige Stelle.

Den Mount Everest im Kajak hinabfahren? Ungläubig schauen mich die Leute an, wenn ich ihnen sage, was ich vorhabe. Einige stellen sich vielleicht vor, daß wir den Aufstieg zur eisigen Bergspitze mit Steigeisen bewältigen wollen, um dann, mit oder ohne Fallschirm, auf unserem Kanu sitzend hinabzurodeln. Da oben ist doch alles vereist und zugefroren? Gibt es da wirklich einen Fluß? Die milderen Urteile schwanken zwischen „leicht verrückt" und „völlig durchgedreht". Selbst die Fachpresse bezeichnet unseren Plan als „Himmelfahrtskommando", ist aber offenbar doch erleichtert, als sie feststellt, daß tatsächlich ein Fluß vom Mount Everest herabfließt.

Sogar der bekannte Literaturagent, der schon so berühmte Bergsteiger und Abenteurer wie Chris Bonington und Wally Herbert betreut hat, hält die Expedition für derartig hirnverbrannt und gefährlich, daß er meine Bitte, auch mich zu vertreten, höflich ablehnt. Ich muß gestehen, daß seine düsteren Vorhersagen mich ein wenig irre machen. Er war in Nepal gewesen und an den Ufern des Dudh Kosi entlanggewandert, als nach dem Monsun das Wasser niedrig stand. Selbst dann war der unruhige Fluß voller Strudel und Schaum gewesen. Ich will nun meine Fahrt bei Hochwasser antreten, um auf diese Weise die meisten Felsblöcke zu überschwimmen. Er schreibt mir:

„Ich muß ungefähr fünfzehn Kilometer lang nur wenige Schritte vom Dudh Kosi weg gewandert sein, und von den Bergpfaden aus konnte ich ihn mindestens noch weitere fünfzehn bis dreißig Kilometer lang beobachten. Selbst im Oktober tobte und strudelte er die ganze Strecke entlang, und da das Wasser von den Gletschern herabkommt, ist er äußerst kalt. Aufgrund meiner eigenen Beobachtung verspüre ich keine Neigung, es mit einem so waghalsigen Unternehmen zu tun zu haben, wo die Gefahr, mindestens ein bis zwei Mann zu verlieren, sehr groß ist. Ich muß Sie zu meinem Bedauern bitten, auf mich zu verzichten."

Dennoch – ich bleibe Optimist. Sechs Jahre lang habe ich mit Expeditionen zu tun gehabt und einige davon sogar geleitet. Da hat es auf den berüchtigtsten Flüssen der Welt manche Erstleistung gegeben. Immer wieder hat unser Erfolg die Schwarzseher ins Unrecht gesetzt, wenn sie uns kaum mehr als eine Außenseiterchance einräumten. Ich bin in Europa in den Alpen, in Afrika, Südamerika, Neuseeland und in den Vereinigten Staaten Kajak gefahren, und alles ist gutgegangen. Warum sollte es diesmal anders sein?

Ich rufe Chris Bonington an. Was hält er davon?

„Ja, das wird schon gehen, glaube ich. Aber es sieht verdammt schwierig aus. Vom Gefährlichkeitsgrad her entspricht das Unternehmen der Besteigung des Mount Everest."

Nun, in diesem Moment ahne ich natürlich nicht, daß die Überlebenschancen beim Besteigen des Everest eins zu sieben stehen, sonst würde ich wohl alles ein wenig anders beurteilen . . .

Heutzutage ist Bonington für Bergsteiger ein Begriff wie Reinhold Messner. Jeder kennt ihn. Seine Bücher werden zu Tausenden verkauft, seine Vorträge sind überfüllt, und seine Filme vom Everest und vom Annapurna haben ihn weltberühmt gemacht. Doch als ich ihn das erste Mal traf, arbeitete er noch für den *Daily Telegraph,* und ich war erst siebzehn Jahre alt.

Es war 1969. Seine Zeitschrift hatte ihn losgeschickt, über eine hundertzwanzig Kilometer lange Kajakfahrt auf dem Schweizer Inn zu berichten. Es ging damals um die erste Abfahrt überhaupt, die auf diesem Flußabschnitt je versucht wurde. In seiner Reportage verglich Bonington dieses Abenteuer mit der Bezwingung der Eiger-Nordwand. Seine offene, freundliche Art beeindruckte mich tief. Ja, und danach habe ich Chris immer wieder um Rat gefragt, den er mir bei meinen verschiedenen Unternehmungen bereitwillig gab.

Diesmal schlägt er vor, ich solle Peter Steele anrufen, um einmal eine andere Meinung zu hören. Steele ist nämlich ein erfahrener Bergsteiger und Alpinist und gleichzeitig ein begeisterter Kanute. Außerdem hat er eine ganze Weile in Nepal verbracht. Er hat mehrere Bücher über seine Bergtouren und Himalaja-Reisen geschrieben.

Meist ist er unterwegs, doch ich habe Glück und erwische ihn. Er ist gerade im Begriff, die Koffer zu packen, um mit seiner Familie nach Kanada auszuwandern. Dort will er sich als praktischer Arzt niederlassen.

Steele sagt mir deutlich, was er von meiner Idee hält.

„Mike, das ist ein verdammt schwieriges Unternehmen. In der Monsunzeit ist es besonders schlimm, außerdem ein verteufelt schwerer Anmarsch. Warum versuchen Sie nicht lieber den Sun Kosi – da haben Sie wenigstens eine Straße in der Nähe!"

Ich verfolge den Lauf des Sun Kosi auf der Landkarte. Das ist der Fluß, in den sich der Dudh Kosi ergießt. Er wendet sich dann in Richtung Osten, verbindet sich mit dem Arun und fließt in den Ganges. Seine Quelle liegt nur gut tausend Meter hoch. Breit und gewunden, wie er aussieht, wird er uns wohl kaum das gleiche sportliche Vergnügen und die gleiche Aufregung bieten wie der rasende, unruhige Dudh Kosi.

Ob ich nach Bristol fahre und noch mal alles mit Peter Steele bespreche? Er besitzt ein paar Dias von dem Fluß, und das wäre schon eine große Hilfe. Leider ändert er jedoch seine Pläne und reist ab, ehe ich ihn besuchen kann.

Zweifel und Bedenken machen mich unsicher. Ich schwanke, kann mich nicht zwischen dem verlockenden Dudh Kosi und dem einfacheren Sun Kosi entscheiden.

Aber dann entschließe ich mich. Der Mount Everest ist unwiderstehlich. Ich werde zum Basislager hinaufgehen und von dort zum Fuß des Khumbu-Gletschers. Ich werde nach dem Höhenweltrekord im Kajakfahren greifen und versuchen, den höchsten Fluß der Erde herunterzukommen.

Wenn es überhaupt den Hauch einer Chance gibt, auf dem Dudh Kosi mit dem Kajak vom Everest herunterzufahren, dann werde ich es tun.

Von der Vorgeschichte bis zum Aufbruch

Expeditionen werden ganz unterschiedlich ausgerichtet. Da gibt es zum Beispiel die kleine verschworene Gemeinschaft weniger Individualisten, die ihr Unternehmen selbst finanzieren und ohne viel Öffentlichkeitsrummel an die Arbeit gehen; da gibt es aber auch die publikumswirksam aufgezogene Mammut-Expedition mit vielen geschäftstüchtigen Geldgebern, wobei mit gewaltigem Werbeaufwand jeder Schritt der Expedition über Presse und Fernsehen an die Öffentlichkeit gebracht wird. Unser Vorhaben soll genau zwischen diesen beiden Extremen liegen.

Himalaja-Expeditionen sind heutzutage eine recht komplizierte Angelegenheit. Bevor man an Aufbruch auch nur zu denken wagt, muß man sich durch allerlei bürokratischen Papierkram hindurcharbeiten. Wenn man finanzielle Unterstützung von Firmen braucht, muß man mit geschäftlichen Maßstäben an die ganze Sache herangehen. Anders kann man die Durchführung und die dabei entstehenden Kosten eines so teuren Unternehmens gar nicht mehr verantworten.

Mike Jones

Mein Vorhaben wird wohl so etwas wie eine Ein-Mann-Show werden! Auf alle Fälle muß ich die Führung übernehmen und alle Hauptrollen selber spielen: Geldbeschaffer, Pressereferent, Ausrüstungs-Koordinator, Werbemanager, und – ganz nebenbei – bin ich ja auch noch Assistenzarzt im Dudley Road Hospital in Birmingham. Nicht zu vergessen die Kanusport-Landesmeisterschaften auf Slalom- und Wildwasserstrecken, an denen ich zwischendurch teilnehme.

Glücklicherweise habe ich zwei tolle Chefs mit viel Verständnis. Notgedrungen gewöhnen sie sich an mein plötzliches Verschwinden mitten in der Arztvisite, wenn ich ans Telefon gerufen werde, an mein überstürztes Wegeilen aus der Ambulanz, um Besprechungen abzuhalten, Interviews zu geben oder auf den hiesigen Gewässern zu trainieren. Ja, ich muß schon zugeben: Sie nehmen alles mit bemerkenswert guter Laune hin! Lynn Smith, die Arzthelferin, arbeitet in ihrer Freizeit wie eine Verrückte, um die Flut meiner ein- und ausgehenden Briefe zu bewältigen. Nichts ist ihr zu mühsam, nichts dauert ihr zu lange, gleichgültig, ob es sich um die Beschaffung von Teebeuteln handelt oder um eine beantragte Spende von zehntausend Pfund Sterling. Vielleicht ist es für sie eine willkommene Abwechslung von der täglichen Arztkorrespondenz.

Das Ziel steht nun fest. Jetzt heißt es: die Mannschaft zusammenzustellen. Von Anfang an bin ich der Meinung, daß es Kanuten sein müssen, die ich schon gut kenne. Die Erfahrung hat mich gelehrt, daß Erfolg und Spaß in erster Linie von der Mannschaft abhängen. Wenn man bei der Auswahl der Mitglieder ihr sportliches Können viel höher bewertet als Freundschaft und die genaue Kenntnis der Stärken und Schwächen des Partners, dann fehlt eben doch der letzte Zusammenhalt und damit auch die Energie zum Durchhalten, die man nun einmal zum Erfolg braucht.

Mein eigenes Können und meine Fähigkeit, eine größere Kajak-Expedition zu führen, haben sich im Laufe vieler Jahre entwickelt.

Meine eigenen Anfänge

Es begann im Winter 1965 an einem Sonntagmorgen. Ich war damals vierzehn Jahre alt. Mit Mühe hatte ich meine ältere Schwester Christine dazu überredet, sich von ihrem geliebten Faltboot zu trennen. Vater setzte sich ans Steuer seines uralten Ford Popular 100 E. Das Boot war mehr schlecht als recht auf dem Dach befestigt. So fuhren wir hinauf in die Yorkshire Dales, um uns auf das eisige Wasser des Flüßchens Wharfe zu wagen. Was für ein lustiger und aufregender Tag! Der Wasserstand war ziemlich hoch und machte das Kajakfahren zu einem sportlichen Vergnügen ersten Ranges. Am Ende des Tages war ich, wie man so schön sagt, vom wilden Kanuten gebissen, mit anderen Worten: dem Kanusport verfallen, obwohl ich mehr im als auf dem Wasser war.

Durch Schaden klug geworden, beschloß ich noch am gleichen Abend, die sogenannte Eskimo-Rolle zu lernen. So nennt man den Trick, mit dessen Hilfe man sein gekentertes Kajak aufrichtet, ohne aussteigen zu müssen. Ist man mit dem Kopf zuunterst im Wasser, richtet man das Boot mit dem Paddel, das man dabei als Hebel benutzt, wieder auf.

Gleich in der Woche danach wurde ich Mitglied im Kanu-Club der Schule, und die dann folgenden Wochen verbrachte ich mit dem Versuch, die Kunst der Eskimo-Rolle im nach Chlor riechenden Schwimmbad zu perfektionieren. Schließlich gelang es mir, mich um und um zu drehen, rechtsherum und linksherum, wobei ich mit dem Kopf die Drehung des Bootes um die eigene Längsachse mitmachte, ohne nach Luft zu schnappen oder das ganze Schwimmbad auszutrinken.

Im Frühling fing ich dann an, alle Flüsse in der näheren und weiteren Umgebung zu „erfahren". Schon damals verlegte ich mich auf das Slalomfahren. Das ist ein Wettlauf gegen die Uhr zwischen Pfählen, die über die Stromschnellen gehängt werden. Dieser Sport wurde meine wichtigste Freizeitbeschäftigung. Zwei Jahre brauchte ich, um „Division One" zu erreichen. Das ist die oberste Klasse bei den Slalom-Meisterschaften. Es kostete mich viele Stunden Fahrerei, die weit voneinander entfernt liegenden Austragungsorte zu erreichen.

1969 beschloß Jeff Slater, ein neunzehnjähriger Schüler

aus Yorkshire, eine Kajak-Expedition auf dem Schweizer Inn zu organisieren, und fragte mich, ob ich Lust hätte mitzumachen. Damals war ich siebzehn Jahre alt. Allerdings mußte ich mich wie ein Besessener auf allerlei Ferienjobs stürzen, um meinen finanziellen Beitrag zu diesem Unternehmen überhaupt zusammenzubekommen. Jeff hatte vor, mit noch fünf anderen Kanuten eine Strecke von ungefähr hundertdreißig Kilometer den Inn hinunterzu„schießen", obwohl damals viele Experten überzeugt waren, große Teile dieser Strecke seien unbezwingbar.

Zwei Monate arbeitete Jeff an seinem Plan. Es gelang ihm, die Unterstützung des *Daily Telegraph* zu bekommen und das Volkswagenwerk zu überreden, ihm einen Kleinbus zu überlassen.

Mitte Juli war es dann soweit. Wir bestiegen unseren VW-Bus und fuhren los, um in Deutschland und Österreich ein dreiwöchiges Training zu absolvieren. Was ich mir allerdings als „Warmlaufen" vorgestellt hatte, wurde zur Feuerprobe. Alle Kanuten hatten weit mehr Erfahrung als ich, und wir gingen ausgerechnet bei Hochwasser in die Boote. Das war hart; nie zuvor hatte ich Flüsse erlebt, die sich derart steil in die Tiefe stürzten, Flüsse, die so gefährlich waren und so voller Wasser- und Felsrisiken. Es genügte, durch eine kleine Streckenabweichung ein Kehrwasser zu verpassen – und schon war's passiert . . .

Nachdem wir uns in Hochform gebracht hatten, ging es nach St. Moritz, und als wir am Inn entlangfuhren, wurde uns bald klar, woher er den Ruf hatte, das schwerste Wildwasser Europas zu sein. Eingezwängt in eine steile Schlucht, wirkte der Fluß mit seinen Stromschnellen selbst aus dreihundert Meter Höhe furchterregend.

Die Abfahrt dauerte fünf Tage. Zweifellos war das das Härteste, was jeder der Mannschaft je mitgemacht hatte. In diesen fünf Tagen büßten wir acht Kajaks ein, und ein Mannschaftsmitglied, Trevor Eastwood, entrann nur haarscharf dem Tod. Chris Bonington, damals freier Fotoreporter, folgte uns vom Ufer aus, seilte sich in die Schlucht ab und fotografierte uns.

Zugegeben – ich habe damals ganz schön Angst gehabt, fand es aber gleichzeitig auch sehr aufregend, denn hier lernte ich erstmals das Kajakfahren auf wirklich schwierigem Wasser kennen. Meine Abenteuerlust war geweckt. Aber es dauerte zwei Jahre, bis es wieder losging. Diesmal stand der Colorado in den USA auf dem Programm, den wir dreihundert Kilometer durch den Grand Canyon herunterpaddeln wollten – eine Strecke voller wilder und gefährlicher Stromschnellen in einer Landschaft von märchenhafter Schönheit.

Inzwischen studierte ich Medizin an der Universität von Birmingham. Am späten Freitagnachmittag waren für mich die Vorlesungen zu Ende. Manchmal ließ ich sie aber auch ganz ausfallen. Jedenfalls raste ich dann los, um in allen möglichen Ecken des Landes an Kanu-Regatten teilzunehmen, was mir weit mehr Spaß machte als die Schufterei für mein Medizinstudium.

Herbst 1971. Eigentlich hätte ich mich „Herbert" widmen sollen. Herbert war eine Leiche, die wir zu sezieren hatten, um die Feinheiten der Anatomie zu erlernen. Aber ich hatte andere Pläne – eine Kajakfahrt auf dem Blauen Nil in Äthiopien.

Außerdem hatte man mich zum Kapitän einer Studenten-Auswahlmannschaft für die Slalom- und Wildwassermeisterschaften ernannt, die bei drei internationalen Veranstaltungen Ende Juni und im Juli 1972 in Österreich, der Schweiz und der Tschechoslowakei ausgetragen werden sollten. Dieser Sommer würde nicht langweilig werden.

Im Winter und Frühling 1971/72 traf ich die Vorbereitungen für die beiden Reisen, und im Juni fuhr ich, wenige Stunden nach bestandenem Staatsexamen, nach Österreich.

Wieder einmal führten die Flüsse nach dem schneereichen Winter Hochwasser. Wir hatten bei den Slalom-Meisterschaften auf der Muota in der Schweiz, in Spittal in Österreich und – Anfang Juli – in Lipno in der Tschechoslowakei großen Erfolg.

Drei Wochen später kamen wir mit geschärftem Reaktionsvermögen und durchtrainiertem Körper nach England zurück und machten uns gleich daran, unsere Planung für die Nil-Expedition abzuschließen. Fünf Personen sollten teilnehmen, wobei die Paddelarbeit vor allem Mick Hopkinson und mir zufiel. Wir wollten Essen und Schlafsäcke mit in die Boote nehmen und nachts am Ufer kampieren. Chris Bonington hatte mich da schon gewarnt; bei früheren Expeditionen waren zwei Mitglieder von Banditen ermordet worden, und er selbst war 1968 in einen Hinterhalt geraten. Er riet uns, Waffen mitzunehmen, damit wir uns notfalls unserer Haut wehren konnten. So arbeiteten wir nun wie die Besessenen, um all unsere Pläne in die Tat umzusetzen, und bereits eine Woche nach unserer Rückkehr von den Slalom-Meisterschaften saß ich im Flugzeug nach Afrika.

Schon der Beginn unserer Reise war schlagzeilenträchtig. Mit dem Kajak auf der Schulter kam ich zum Flugplatz Heathrow und versuchte – zur allgemeinen Verwunderung – das Boot als Handgepäck zu deklarieren. Und schließlich schaffte ich das sogar und sparte damit ein paar tausend Mark.

Ich war einige Tage vor der übrigen Mannschaft abgereist und wurde, kaum in Kairo angekommen, wegen illegalen Waffenbesitzes verhaftet. Ich hatte zwei 45er-Revolver und eine Zwillingsflinte mit abgesägten Läufen bei mir, die ich in der Ankunftshalle spazierentrug. Es dauerte nicht lange, da hatten mich bewaffnete Ordnungshüter am Kragen gepackt und eingesperrt. Schließlich kam aber auch das in Ordnung und, wieder in Freiheit, reiste ich weiter nach Äthiopien.

Der Blaue Nil entspringt unweit des Tanasees. Von dort fließt er gut siebenhundert Kilometer durch Äthiopien und trifft bei Khartum mit dem Weißen Nil zusammen. Schon viele hatten versucht, den Blauen Nil zu bezwingen. Die meisten dieser Versuche begannen bei der Shafartak-Brücke. Dort, ungefähr dreihundertfünfzig Kilometer von der Quelle entfernt, überquert die große Straße den Fluß, und von hier aus bis zum Sudan sind die Stromschnellen bei weitem nicht so schwierig wie auf dem Oberlauf. Schon 1903 hatte sich der amerikanische Großwildjäger Bill MacMillan am Blauen Nil versucht, aber seine speziell für diese Fahrt gebauten Stahlboote waren bereits nach acht Kilometern zu Schrott geworden. Auf dem Fußmarsch zurück nach Addis Abeba wurde die Expedition von Banditen überfallen. Ein späterer Versuch, den Herbert und Mary Rittlinger unternahmen, scheiterte, weil ein Krokodil das Kanu mitten durchbiß. Dr. Amoudruz vom Kanu-Club Genf erging es 1962 noch schlechter. Er wurde von den Shiftu – so nennt man die Räuberbanden dort – angegriffen, und zwei Expeditionsteilnehmer wurden umgebracht. Drei Jahre danach wagte Arne Rubin aus Schweden die Abfahrt ganz allein. Immer wieder griffen ihn Krokodile an, auf die er mit leeren Colaflaschen eindrosch, um sich ihrer zu erwehren. Schließlich kenterte sein Boot, und die ganze Ausrüstung war verloren. Eine weitere Expedition wurde 1968 von John Blashford Snell unternommen, bei der ein Mann ertrank.

Das also war die Vorgeschichte zu unserem Unterneh-

Die trügerische Ruhe auf dem Blauen Nil täuscht

men, bei dem Mick Hopkinson und ich zwei Wochen allein auf dem Blauen Nil verbringen wollten: eines der waghalsigsten Abenteuer meines Lebens.

Richtige Landkarten gab es überhaupt nicht, und wir navigierten mit Hilfe einer Zeitungsskizze aus dem *Daily Telegraph,* die wir ausgeschnitten und auf dem Vorderdeck meines Kajaks mit Selbstklebeband befestigt hatten. Nach den ersten fünfzig Kilometern erreichten wir die Tissisat-Fälle, die zweitgrößten in Afrika. Sie sind mehr als fünfzig Meter hoch, und der über eine Basaltplatte herabdonnernde Fluß stürzt in ein brodelndes Wasserloch. Die nächsten Stunden hatten es in sich, als wir, einer Seilfähre gleich, vorsichtig von Insel zu Insel traversierten, um noch oberhalb des Falls das Ufer zu gewinnen und nicht nach unten gerissen zu werden. Die einzige Möglichkeit war natürlich, die

Boote um die Fälle herumzutragen.

Unten rast der Fluß durch eine imponierende fünfzig Kilometer lange Schlucht mit dem Schwierigkeitsgrad 6 weiter – der schwerstmöglichen Stufe im Kanusport, bei der man sein Leben aufs Spiel setzt.

Ohne Hilfsmannschaft zu Lande war das eine tollkühne Sache! Wer hätte uns notfalls zu Hilfe kommen können? Drei Tage brauchten wir, um die Schlucht zu durch- schießen. Schließlich kamen wir an leichtere Stromschnellen und begannen gerade, uns auf eine etwas ruhigere Fahrt zu freuen, als wir aus dem Hinterhalt überfallen und von Ban- diten unter Feuer genommen wurden.

Meinen einundzwanzigsten Geburtstag verbrachte ich zusammengerollt in einem quatschnassen Schlafsack mit einem geladenen Revolver in der Hand. Als ich gegen Mor- gen erwachte, merkte ich, daß ich die Waffe entsichert in der Hand hielt. Mein Finger war um den Abzug gekrümmt, und der Lauf zeigte auf Mick Hopkinsons Kopf. An einen normalen Geburtstag war in dieser Situation natürlich nicht zu denken, ich feierte ihn mit einem Stück Minzkuchen und einem Riegel „Kraftfutter".

Aber auch das war für uns schon ein Festessen, denn unsere Vorräte hatten nicht lange gereicht, und drei Tage aßen wir kaum etwas anderes als Kartoffeln, die wir freund- lichen Einheimischen abgekauft hatten.

Dann kam eine fast dreihundert Kilometer lange Strecke, auf der uns immer wieder Riesenkrokodile angriffen, die bis zu sechs Meter lang waren. Viereinhalbtausend Kilometer nordwestlich von uns fanden bei den Olympischen Spielen in München Kanumeisterschaften statt, aber kein Mensch ahnte, daß in Äthiopien gerade ganz andere Weltrekorde gebrochen wurden. Es heißt immer, die Goldmedaille sei der höchste Ansporn für einen Sportler. Dabei ist sicher niemand auf die Idee gekommen, was es für einen Ansporn bedeutet, in einem Kajak zu sitzen und von einem sechs Meter langen Krokodil gejagt zu werden.

Der kurzsichtige Mick Hopkinson war, wenn er mit seiner Flinte drauflosschoß, für mich eine viel größere Gefahr als all die Krokodile, aber irgendwie gelang es uns, mit kräftigen Paddelschlägen den Gefahren zu entrinnen und unsere Expedition zu einem glücklichen Abschluß zu bringen: Nach zwölf Tagen auf dem Fluß waren wir dankbar und ungeheuer erleichtert, mit dem Leben davongekommen zu sein.

Die Mannschaft

So liegt es jedenfalls nahe, meinen Kampfgefährten vom Blauen Nil als stellvertretenden Expeditionsleiter der Dudh-Kosi-Unternehmung zu gewinnen. Mick lebt nur ein paar Kilometer von meinem Wohnort Keighley entfernt, aber unsere Wege haben sich nur selten gekreuzt. Erst durch die gemeinsame Äthiopienreise im Jahre 1972 lernte ich ihn richtig kennen. Mick ist Erdkundelehrer, für die Afrika-Expedition hatte man ihm bezahlten Urlaub gewährt. Er ist einige Jahre älter als ich und pflegt mir den Kopf wieder zurechtzurücken, wenn meine Ideen zu verrückt werden. Seine Technik ist hervorragend, er ist sehr kräftig und hat einen ausgeprägten Instinkt für den richtigen Kurs einer Paddelstrecke, obwohl er eine Brille trägt, die fortwährend beschlägt, verrutscht oder ins Wasser fällt, wenn es hart hergeht. Auf dem Nil haben wir gut zusammengearbeitet, vor allem in der tückischen Schlucht unterhalb der Tissisat-Fälle, und seither hat sich zwischen uns ein reibungsloses Zusammenspiel bei allen gemeinsamen Unternehmungen in Österreich, Deutschland und der Schweiz entwickelt. Einmal schafften wir es sogar, von der Konkurrenz gefürchtete C2-Wildwasserkanuten zu werden und beachtlichen Erfolg bei den britischen Meisterschaften zu erzielen. Ein C2-Boot ist ein kanadischer Kanutyp, in dem zwei kniende Personen je ein Paddel führen.

Ich frage Mick, ob er mit nach Nepal kommen möchte, und er ist anscheinend hocherfreut. Ob ihm die Schule drei Monate unbezahlten Urlaub gewähren wird? Er meint, es wird klappen.

Dann wäre da John Liddell, ein guter Freund seit der Fahrt im Grand Canyon. Er war von Anfang an bei unseren Himalaja-Plänen dabei, und so ergibt es sich ganz von selbst, ihn mitzunehmen. Sein Vater ist Anwalt in Solihull, einem teuren Viertel von Birmingham, und John war auf einem feinen Internat; aber trotz dieses Handicaps steht er doch recht fest mit beiden Beinen auf der Erde, soweit man das von einem Kanuten sagen kann. Er ist ganz verrückt auf Mini-Autos, die er wie Jackie Stewart fährt. Er denkt sich überhaupt nichts dabei, während der Fahrt aus der Stadt zum elterlichen Landhaus vergnügt auf die zahlreichen Stellen zu weisen, wo er und sein geliebter Mini durch mysteriöse Umstände oder irgendein böses Schicksal zu Schaden gekommen sind. Das ist dann immer – „ . . . also ganz ehrlich!" – so gewesen: Er steuerte (wie er sagt) sein kleines Auto in seiner vorzüglichen Fahrweise durch die Gegend, bis er dann plötzlich und unerwartet Opfer einer beweglichen Ecke oder eines aggressiven Laternenpfahls wurde, die sich ihm rücksichtslos in den Weg stellten.

John ist ein Kanute, der manchmal voll und ganz bei der Sache ist und vielleicht drei Monate lang kein Wochenende ausläßt, um auf dem Wasser zu sein, dann aber wieder von der Bildfläche verschwindet und sich ein Jahr lang nicht blicken läßt.

26

Die Mannschaft besteht aus (von links nach rechts):
John Gosling, Roger Huyton, John Liddell, Mick Hopkinson,
Mike Jones, Dave Manby, Rob Hastings

Johns humorvolle, leichtlebige Art verdeckt sein eigentliches Wesen: Entschlossenheit und großen Mut. Meine Einladung, an der Expedition teilzunehmen, nimmt er freudig an; seine Stellung als Buchhalter kündigt er.

Ich beschließe, eine Mannschaft von sechs Kanuten mit nach Nepal zu nehmen. Mit sechs Mann kann man nämlich in zwei Dreiergruppen arbeiten, eine gute Zahl, gerade genug, um unabhängig voneinander auf dem Wasser zu arbeiten, auf der anderen Seite aber auch ausreichend, wenn einmal etwas schiefgeht und Hilfe gebraucht wird. Mit Mick Hopkinson, John Liddell und mir ist eine Dreiermannschaft komplett. Nun geht es darum, weitere drei Kanuten zu finden. Interessenten gibt es in Hülle und Fülle, und jeder von ihnen schlägt noch weitere Teilnehmer vor.

Ein Name, der oft fällt, ist der von Robert Hastings. Rob ist ein lieber Mensch, mit dem man sich schnell anfreundet, und jederzeit bereit, einem anderen etwas beizubringen oder jemandem zu helfen. Außerdem hat er eine sehr praktische Ader und ist andauernd dabei, neue Apparaturen zu erfinden und zu bauen. Er ist ein hervorragender Kanute und bereits seit seinem sechzehnten Lebensjahr Mitglied der britischen Nationalmannschaft.

Rob arbeitet zur Zeit als Techniker im Cardiff College of Art. Meine Pläne interessieren ihn sofort. Da er sowieso im September nach Birmingham kommt, um dort einen einjährigen Kursus zu absolvieren, kann er mir bei dem gewaltigen Papierkram, der mit meiner Expedition verbunden ist, helfen.

Ich mache mich auf die Suche nach zwei weiteren Paddlern. Nach eingehender Beratung mit Mick Hopkinson entscheide ich mich für Roger Huyton und Dave Manby.

Es ist vielleicht typisch für meinen unruhigen Lebensstil, daß ich Roger vor allem deswegen einstelle, weil er Hin- und Rückfahrt nach Paris und eine wilde Party – alles innerhalb von vierundzwanzig Stunden – unbeschadet übersteht. Roger studiert in London und will im Sommer 1975 sein Examen machen. Er war bereits in der Slalom-Mannschaft der britischen Junioren. Zur Zeit hat er jedoch keine Lust mehr, an Rennen teilzunehmen und hat seit zwei Jahren den Kanusport nicht mehr ernsthaft betrieben. Mick Hopkinson empfiehlt ihn sehr, und Rog mit seiner ständig guten Laune und seiner Selbstlosigkeit wird ein unschätzbares Expeditionsmitglied.

Und Dave Manby? Er ist einundzwanzig Jahre alt und damit das jüngste Mitglied unserer Mannschaft. Dave führt ein etwas unregelmäßiges Leben an der Universität von Nottingham, wo er angeblich Maschinenbau studiert. Was an ihm am meisten auffällt, sind seine kolossale Haarpracht, sein ungepflegter Bart und seine Krankenkassenbrille. Gewöhnlich trägt er Pullover mit Löchern in den Ellenbogen und speckige, zerrissene Jeans. Das ist natürlich Absicht, denn sein Held und Vorbild ist Doug Scott, der erste Engländer, der auf dem Everest-Gipfel stand, und ihn will er zumindest äußerlich kopieren. Hopkinson meint, Daves Zeug komme aus den teuersten Läden Englands, was an den eingenähten Etiketten zu erkennen sei, aber er habe es eben so lange getragen, bis es zerschlissen war, um schließlich diesen etwas wilden Hauch der großen weiten Welt zu erreichen. Das alles verdeckt aber nur seine eigentlichen Qualitäten. Ich betrachte ihn als Gewinn für unsere Expedition.

Drei Monate wird sie dauern; das habe ich schon ausgerechnet. Und das ist knapp kalkuliert, wenn man die Autoreise bis Katmandu rechnet, den Fußmarsch zum Everest-Basislager, die eigentliche Kajakfahrt den Dudh Kosi hinab und die Heimreise – eigentlich vier Expeditionen auf einmal.

Die Mannschaft habe ich also nun zusammen, die nächste wichtige Frage lautet: Wann soll es losgehen? Der Monsun in Nepal dauert von Juli bis Mitte September. Nach den Fotos vom Dudh Kosi und dem Film, den Chris Bonington bei seiner Wanderung zum Everest-Basislager aufgenommen hat, müßte Ende August am günstigsten sein. Die Flüsse sind dann vom Monsunregen angeschwollen. Das bedeutet zwar einen höheren Wasserstand und noch mehr Stromschnellen, aber die Gefahr, unter Wasser liegende Felsblöcke zu rammen, ist längst nicht so groß. Das heißt für uns: Der Fußmarsch zum Everest fällt mitten in die Monsunzeit. Wir besprechen das Für und Wider und beschließen, den Start unserer Kajakfahrt auf den ersten September zu legen. Ein knappes Jahr für unsere Vorbereitungen!

Ein großes Problem sind die Finanzen. Ich mache mich eines Abends daran, mit Hilfe der mir vorliegenden spärlichen Informationen eine Vorauskalkulation zu entwerfen. So vieles ist unvorhersehbar, zum Beispiel die Kosten für Lastenträger, Versicherung, Transport, Proviant und Unterbringung. Manches kann man durch Spenden bekommen, anderes muß man kaufen. Der Morgen graut, und ich habe zweitausend Pfund Sterling ausgerechnet. Ich lehne mich zurück, kümmere mich nicht mehr um die einzelnen Posten und verdoppele die Summe auf viertausend. Ja, das werden wir brauchen. Daß am Ende der Reise nahezu das Dreifache herauskommt, zeigt recht plastisch, wie naiv meine Anfangsberechnungen waren.

Ich brauche Monate, um Förderer zu finden oder jemanden, der bereit ist, die Schirmherrschaft für die Expedition zu übernehmen. Ein Stein fällt mir vom Herzen, als die private Fernsehstation HTV (Cardiff) die Fernsehrechte und die Zeitung *Observer* die Text- und Bildrechte kauft.

Leo Dickinson, ein Filmproduzent aus Bristol, erhält den Auftrag, das Unternehmen zu filmen. Er ist ein ziemlich anerkannter Bergsteiger und verbringt einen großen Teil seiner Zeit damit, Dokumentarfilme über diesen Sport zu drehen. Was für ein Typ ist er? Ende Zwanzig, klein, untersetzt, äußerst zielbewußt und von einem sagenhaften Künstlertemperament. Seine Filme über die Besteigung der Eiger-Nordwand, des Matterhorns und über eine Schlittenexpedition über die Gletscher Feuerlands haben ihn als Filmemacher international berühmt gemacht.

Leo lebt in Garstang bei Preston. So beschließen Mick und ich, einmal hinzufahren, um mit ihm zu reden. Wir hoffen, ihn davon zu überzeugen, daß wir gute Kanuten sind und es sich für ihn lohnen wird, seine Zeit und sein Talent in unser Unternehmen zu investieren, wobei wir ganz vergessen, daß von den zwei Booten, die wir auf dem Autodach haben, keines sehr imponierend ist: Dem einen fehlen vorne fünfzig Zentimeter, das andere ist in zwei Hälften auseinandergebrochen.

Da ein großer Teil des Dudh Kosi durch eine Schlucht fließt, fragt uns Leo, ob wir bereit seien, noch zwei Bergsteiger als zusätzliche Hilfskräfte mitzunehmen, was nämlich zwei Vorteile habe: erstens können sie die Schluchtwände hinabsteigen und uns filmen, wenn wir vorbeikommen; zweitens können sie uns auch mal aus der Klemme helfen, wenn wir auf dem Wasser in Schwierigkeiten geraten – sie können sich zu uns abseilen oder uns von der Felskante Seile zuwerfen, um uns herauszuholen. Leo hat auch die Idee, die Schlucht an bestimmten Stellen mit einem Seil zu überspannen, damit er uns direkt von vorne fotografieren kann, wenn wir angeschossen kommen. Von welcher Seite man es auch betrachtet, ein „Höhenexperte" kann nur von Nutzen sein, und so stimmen wir Leos Plan zu, demzufolge Eric Jones, Leos ständiger Bergkamerad, und der uns allen unbekannte Geoff Tabbner mit von der Partie sein sollen.

Eric Jones ist Ende Dreißig und einer der besten britischen Alpinisten. Er ist ein stiller, in sich gekehrter und bescheidener Einzelgänger, der seit Jahren seinen eigenen Weg geht und eindrucksvolle Besteigungen in Großbritannien und in den Alpen geschafft hat, ohne viel Aufhebens davon zu machen. Wir mögen ihn alle sofort. Eric hat nicht nur zusammen mit anderen Bergsteigern die Eiger-Nordwand bezwungen, sondern auch – und zwar ganz allein – die Nordwand des Matterhorns mit Hilfe von Eispickel und Steigeisen. Er ist wie eine Fliege. Er geht die steilsten Berge hinauf ohne Seil, ohne irgend etwas, das ihn hält, falls er abrutscht. Im Himalaja ist er noch nie geklettert, und so freut er sich, uns helfen zu können und gleichzeitig extreme Höhenbedingungen kennenzulernen.

Geoff ist nun wieder eine ganz andere Art Mensch. Von Beruf ist er Verkäufer audiovisueller Hilfsmittel. Den Himalaja kennt er bereits. Er hat an der Dhaulagiri-Expedition teilgenommen, bei der ein Mann ums Leben kam und der Gipfel nicht erreicht wurde. Er ist ein selbstbewußter und selbstsicherer Typ und demzufolge nicht auf den Mund gefallen – ein guter Reiseleiter für die Strecke über Land, denn alle eventuellen Fallen und Risiken sind ihm von früher her bekannt. Er beschließt, seine Frau Joyce mitzunehmen.

Im späteren Verlauf der Vorbereitungen kommt noch der eine oder andere hinzu: Am Schluß sind wir dreizehn.

Der Fernsehsender HTV will, daß zwei Kameramänner dabei sind, und schließlich erhält Mick Reynolds den Job, zumal er schon ein Weilchen für diesen Sender gearbeitet hat. Ich habe gelinde Zweifel, ob er der Sache körperlich gewachsen ist, denn seit Jahren hat er keinen Sport mehr getrieben, und der Allerjüngste ist er auch nicht mehr. Es zeigt sich aber später, daß alle Zweifel grundlos waren, denn auf dem Fußmarsch gewinnt er bald Kondition und erreicht letzten Endes sogar das Everest-Basislager. Dort sieht man ihn schließlich mit einer Batterie Kameras umherrasen, als sei er bei normalen Filmaufnahmen auf der Hauptstraße von Cardiff.

Auch Leos Freundin, Barbara Lloyd, will mitkommen, einfach so aus Spaß. Ihre Mitgliedschaft bei der Schauspielergewerkschaft scheint ihr keine Rolle einzubringen, und so entschließt sie sich, bei uns mitzumachen. Ihr bliebe sonst nur übrig, den Sommer mit Renovierungsarbeiten an dem kleinen Landhaus zu verbringen, das Leo und sie gerade in Old Sodbury erworben haben. Leo wollte sich da jetzt eingraben, da die meiste Arbeit für ihn ohnehin bei HTV in Cardiff anfällt. Barbara ist eine hervorragende Köchin und eine ganz reizende Person.

Kommen wir zu John Gosling, dem letzten, der sich unserer Gruppe anschließt: John ist ein alter Freund aus Birmingham, der zur Zeit in Peterborough als Gastwirt arbeitet. Ein vergnügter Kumpel, ein wenig übergewichtig – jedenfalls bestens geeignet, sich um den „Nachschub" zu kümmern, der nun, mit der Angliederung der Filmtruppe, zweifellos zu organisieren ist. Am Wochenende nach meiner Entscheidung treffen wir uns in einer Bierkneipe; er kommt von Birmingham angereist, ist von meinem Vorschlag begeistert und sofort bereit, Proviantmeister, Quartiermeister und Aufseher der „Ufermannschaft" zu werden. Später merken wir, daß er Gold wert ist.

Hier ist nun alles am Anlaufen. Wie aber sieht es in Nepal aus? Ich habe an Mike Cheney geschrieben, der bei dem Reisebüro Mountain Travel in Katmandu arbeitet. Dieses Unternehmen wird von Jimmy Roberts, einem pensionierten Colonel, geleitet, der als erster begriff, welche touristischen Möglichkeiten Nepal bietet.

Mike Cheney ist ein kluger Mann von Anfang Vierzig, der sehr viel älter aussieht. Es ist schon ein paar Jahre her, daß er nach Nepal ging. Damals verliebte er sich in Land und Leute. Expeditionen haben es ihm angetan. Er bezieht zwar sein Haupteinkommen aus Touristentrecks, die er zusammenstellt, wendet aber mehr Zeit und Geld, als er eigentlich sollte, dafür auf, an Bergexpeditionen teilzunehmen oder sie zu organisieren. Er reagiert auf unsere Probleme wie eine Ente aufs Wasser, und eigentlich ist es hauptsächlich seiner Geduld und Hartnäckigkeit zu verdanken, daß wir nachher so reibungslos durch die bürokratischen Formalitäten der Behörden von Katmandu gelangen. Die Regierung von Nepal ist der Meinung, man könne nicht einfach ankommen und zum Mount Everest marschieren. Das Benutzungsrecht für das Basislager muß weit im voraus gebucht werden, und es darf sich dort immer nur eine Bergsteigergruppe aufhalten. Für den Transport der Ausrüstung müssen Träger angeheuert und das ganze Material muß „behördlicherseits überprüft" werden.

Mir scheint, der Transport ist unser Hauptproblem. Mein erster Gedanke ist, nach Katmandu zu fliegen. Aber dann stelle ich mir das Gepäck vor, das wir dreizehn Personen nun einmal brauchen! Mindestens zwölf Kajaks, die gesamte Fotoausrüstung, Proviant für drei Monate, Gepäckrollen, Rucksäcke, Kleidung, Campingausrüstung, und dazu der Flugpreis für dreizehn Leute. Das, merke ich schnell, würde unseren finanziellen Ruin bedeuten. So scheint es mir das beste, mit dem Auto über den europäischen Kontinent nach Katmandu zu fahren. Zweifellos eine lange Strecke mit Verzögerungen und Aufenthalten an Grenzposten, dazu das Risiko von Pannen und der hohe Benzinpreis, aber trotzdem: immer noch billiger als fliegen. Nun heißt es: ein großes Fahrzeug organisieren.

Wir haben Glück – *Ford* in Birmingham erklärt sich bereit, uns einen fünfzehnsitzigen Transit Minibus für die Expedition zur Verfügung zu stellen. Bus und Firma sind hervorragend. Der brandneue Wagen ist ausgestattet mit einem Dieselmotor, Sitzbezügen aus Stoff, Stereoanlage und einem extra für uns angefertigten Dachgepäckträger aus Aluminium im Wert von über tausend Pfund, der unsere ganze Ausrüstung aufnehmen soll. Innen geräumig und außen mit dieser Superkonstruktion von Dachgepäckträger versehen, der teuersten, die es je gab, vermittelt uns dieser Bus das Gefühl, in einem Rolls-Royce für Globetrotter zu sitzen.

Die Boote

Aber schon wartet die nächste Entscheidung. Wie soll unsere Ausrüstung – vor allem die Boote – beschaffen sein? Ist es besser, Standardmodelle zu verwenden oder lieber eine Sonderanfertigung speziell für den Himalaja machen zu lassen?

Der Wildwasser-Kajaksport ist seinerzeit in den Alpenländern als Gegengewicht zum Skilaufen entwickelt worden. In den zwanziger Jahren kam dieser Sport nach Großbritannien. Die ersten Kajaks waren Faltboote aus einer Zeltbahnhaut, die über ein hölzernes Gestell gezogen wurde. Mit dem Kajakfahren ist es ungefähr so wie mit dem Bergsteigen vor vierzig oder fünfzig Jahren – es steckt immer noch in den Kinderschuhen. Die Boote haben sich in dieser Zeit weiterentwickelt, aber erst in den letzten Jahren ist es wirklich zu durchgreifenden Veränderungen gekommen. 1963 erschienen die ersten Fiberglas-Kajaks auf dem Markt. Das Deck, der Rumpf und der Sitz werden als separate Gußteile aus glasverstärktem Plastikmaterial hergestellt, dann werden Deck und Rumpf miteinander verschweißt, und schließlich wird der Sitzteil eingebaut. Ursprünglich verwendete man eine Verbindung von Glas und Polyester-Kunstharz, später ein richtiges Glasgewebe.

Der Internationale Kanu-Verband hielt anfänglich überhaupt nichts von Fiberglas-Kajaks und ließ sie in den Slalom-Weltmeisterschaften nur als separate Bootsklasse neben den Faltbooten zu. Nach den Wettkämpfen im Jahre 1963 wurden jedoch die Regeln geändert, und es wurde die einheitliche K1-Klasse geschaffen, in der beide Typen sowohl beim Slalom- als auch bei Wildwasserrennen miteinander konkurrieren konnten. Damit war der Weg für eine dynamische Weiterentwicklung im Bootsbau offen.

1964 wurde der erste Wildwasserrenner entwickelt, nachdem sich die Erkenntnis durchgesetzt hatte, daß ein Boot auf der Slalomstrecke eine ganz andere Konstruktion erfordert als eines, das über Stromschnellen von fünf bis sechs Kilometer Länge rast. Rennboote erhielten deshalb einen V-förmigen Rumpf, damit sie das Wasser besser durchschnitten, und sie wurden immer leichter, um ihre Geschwindigkeit und Reaktionsfähigkeit zu vergrößern.

1970 verwendete man Polyestergewebe aus Diolen, obwohl dieses doppelt so teuer war wie das Glasmaterial. 1972 führte man Kevlar ein, eine Aramidfaser, die stärker und stoßunempfindlicher ist, allerdings sechsmal so teuer wie Diolen. Nach vielen Überlegungen komme ich zu dem Entschluß, mir die Kajaks für die Everest-Expedition speziell anfertigen zu lassen, und zwar aus Kevlar-verstärktem Polyester-Kunstharz. Den Auftrag erhält der Bootsbauer Graham Mackereth vom Pyranha-Werk.

Graham nimmt als Basis seinen sehr erfolgreichen Slalomrumpf, ändert ihn geringfügig ab und versieht ihn mit einem Deck, das etwas höher als gewohnt ist und dem Boot einen stärkeren Auftrieb verleiht. Es zeigt sich später, daß dieser Typ unter den Bedingungen, die uns erwarten, auch bei turbulentestem Gewässer besonders gut zu manövrieren ist. Ein Problem entsteht erst, als wir eine sieben Kilo schwere Fernsehkamera auf den Bug montieren, was die Bootsnase schwer macht und die Manövrierfähigkeit einschränkt.

Mir kommt es auf ein Boot mit großem Volumen an, das höchstens dreizehneinhalb Kilo wiegt und vier Meter lang ist. Es muß gut auf dem Wasser liegen, die Wellen schnell teilen und sehr gut zu manövrieren sein. Der Rumpfteil unter dem Sitz braucht vorn und hinten eine besondere Abstützung, und der ganze Rumpf muß auf der Mittellinie durch eine längsverlaufende Verstärkung zusätzlich gegen die zu erwartenden Stöße gesichert werden. Bei den harten Bedingungen unserer Rekordfahrt ist es günstig, wenn Rumpf und Deck innen und außen miteinander verschweißt sind, um das Kajak noch robuster zu machen.

Jedes Boot benötigt natürlich auch eine fehlerlos funktionierende Fußstütze, damit im Falle des Kenterns nicht die Gefahr besteht, daß der Kanute eingeklemmt wird und sich nicht aus dieser Falle befreien kann. Wenn die Füße unter die Fußstütze hindurchgedrückt werden und die Stütze fest verriegelt ist, kann man nur noch mit brutaler Kraft herauskommen. Hier hat es in der Vergangenheit schon mehrere tödliche Unfälle gegeben, als Boote gekentert waren und die Füße eingeklemmt wurden.

Ich entscheide mich aus Rücksicht auf die unterschiedliche Beinlänge der Mannschaftsmitglieder auf längenverstellbare Fußstützen.

Eine weitere Frage lautet: Wie muß das Boot beschaffen sein, damit es nicht beschädigt wird, wenn es sinkt, und damit man es wiederbekommt, wenn es abgetrieben wird? Die Antwort: aufblasbare Auftriebskörper, die in Bug und Heck eingeschoben werden, dem Boot im schweren Wildwasser Stabilität geben und es unsinkbar machen.

Graham ist ein Geschäftsmann, der vor Aktivität nur so birst, und einen Dickkopf hat er noch dazu. Er war einmal Buchprüfer, was er aufsteckte, um Bootsbauer zu werden – ein Geschäft, das sich unter seinen Händen höchst erfolgreich entwickelt hat. Er ist einer der wenigen, die ihre Typen vorher selbst entwerfen. Er arbeitet wie verrückt, und in seiner Fabrik geht es an allen sieben Tagen der Woche zu wie in einem Bienenschwarm. Von zwölf bestellten Kajaks sind erst sechs gebaut, als wir England verlassen, aber er stellt den Rest mit irrsinniger Geschwindigkeit fertig und reist persönlich hinter uns her, um uns unterwegs einzuholen und die fehlenden Boote abzuliefern.

Die Paddel kommen von überall her. Alistair Wilson stellt uns Fiberglaspaddel zur Verfügung, die mir am besten gefallen, weil sie so schön leicht sind, löffelartig geformt und gebogen, so daß sie gleichzeitig gut abfedern und wenig Luftwiderstand bieten. Die meisten anderen Mannschaftsmitglieder ziehen dagegen die schwereren Paddel von Prijon vor. Die meisten benutzen als Rechtshänder rechtsgedrehte Federblätter, und die beliebteste Länge ist zweihundertfünfzehn Zentimeter.

Was dem Bergsteiger der Eispickel, ist dem Kanuten sein Paddel: eine ganz persönliche, lebenswichtige Sache. Er kümmert sich selbst darum und gibt es möglichst nicht aus der Hand. Zu meiner Überraschung zerbricht während unserer dreimonatigen Expedition nur ein einziges Paddel, eines ging im Wasser verloren, und das bei zwanzig Stück!

Ein weiterer wichtiger Ausrüstungsgegenstand ist der Sturzhelm. Er ist aus Plastik und enthält Schlitze, aus denen das eingedrungene Wasser wieder abfließen kann. Er muß leicht und bequem sein und dient dazu, böse Kopfverletzungen zu vermeiden, falls ein Kanute auf dem Boden des Flusses entlanggerissen wird oder sein Kopf gegen Felsblöcke prallt. Dann brauchen wir auch Schwimmwesten und Neopren-Schwimmjacken und -hosen.

Die letzten zwei Monate vor unserer Abreise vergehen in einem Wirbel von Vorbereitungen. Schirmherrschaften sind zu regeln, Werbung ist zu besprechen, Ausrüstung zu überprüfen und für die Überlandreise sachgemäß zu verpacken; verspätete Bestellungen müssen angemahnt und fehlende Gegenstände erbettelt oder gekauft werden. Eine von Freundinnen gesteuerte Fahrzeugflotte schwärmt von meiner Wohnung aus, um fehlende oder verspätete Sachen heranzuschaffen, und es sieht fast so aus, als würden wir überhaupt nicht fertig.

Es kommt die letzte Woche vor unserer Abreise. Unsere Mannschaft und eine Filmer-Gruppe der Sendung „Midlands Today" überrollt das Heilbald Leamington, wo wir ein kleines Schleusentor entdeckt haben, das uns nach Öffnung eine Strecke von ungefähr achtzehn Metern Sturzwasser beschert. Alles brüllt vor Lachen, als wir die Reporter und Kameraleute, die sich bis auf die Unterhose entkleidet haben, zu einer kleinen Insel transportieren, von der aus sie uns aufnehmen und interviewen, während wir uns wie die Wilden vor der Kamera produzieren.

Eine große Sorge ist unser Proviant. John Gosling arbeitet achtzehn Stunden täglich, um alles rechtzeitig fertigzubekommen, damit wir pünktlich starten können. Zweihundert Briefe sind an Nahrungsmittelfirmen verschickt worden. Die Reaktion ist nicht schlecht; einige reißen sich ein Bein für uns aus, aber es gibt natürlich auch Enttäuschungen. Es kommt zum Glück nur selten vor, daß wir von einem Produkt zu viel haben, aber bei Makrelen ist es leider so; man scheint uns den Fang eines ganzen Fischkutters gespendet zu haben, und noch heute frißt Johns Katze an den Resten.

Was am Schluß fehlt, wird in einer wahren Einkaufs-Orgie aus dem örtlichen Supermarkt beschafft.

Einen Tag vor der Abreise wird die ganze Operation in das Schulgebäude von Leamington Spa verlegt. Nun heißt es, das gesamte Gepäck zu siebenundzwanzig Kilo schweren Kisten zu verpacken, dem von den Trägern akzeptierten Höchstgewicht. Nun werden unzählige Freunde und Verwandte „an die Front geworfen", um alles auszuwiegen und mit Etiketten zu versehen: Zucker, Kaffee, Pfannkuchen-

Backmischung und viele andere Sachen, die nun einmal in eine „Futterkiste" hineingehören. Selbst die Kisten kommen erst im allerletzten Moment an.

In jede Kiste packen wir so viel Proviant, daß achtzehn Personen zehn Tage davon leben könnten, versiegeln sie mit wasserdichtem Band und schweißen sie in robuste Plastikbeutel ein.

Wir arbeiten bis in die frühen Morgenstunden, machen Listen, stapeln Kisten, markieren sie, haken Ausrüstungsgegenstände ab, nachdem wir sie noch einmal überprüft haben, gehen noch einmal sorgfältig unsere Aufstellung durch, ob irgend etwas fehlt, und packen schließlich alles in unser Fahrzeug. Während die Mannschaft überall Hand anlegt, um alles, was in letzter Minute noch nicht fertig ist, in Ordnung zu bringen, fahre ich schnell die hundertfünfzig Kilometer nach Cardiff, um dem Fernsehen ein letztes Interview zu geben.

Am späten Nachmittag bin ich wieder in Birmingham und arbeite bis spät in die Nacht hinein, um mein Zimmer aufzuräumen, überfällige Korrespondenz in letzter Minute zu erledigen und eine medizinische Notausrüstung zusammenzustellen.

Härtetraining in den Alpen

Auf Wiedersehen, Birmingham! Guten Tag, Frankfurt! Dies ist nun also unsere erste Etappe auf dem Weg zum Mount Everest.

Frankfurt ist die wohl wichtigste Stadt Westdeutschlands für uns, vor allem als Schnittpunkt des Autobahnnetzes, das uns zu den besten und aufregendsten Kanustrecken Europas führt. Dort fließen die Flüsse, die wir brauchen, um uns vor unserem langen Treck in Form zu bringen.

Eine hübsche deutsche Lehrerin begrüßt uns: Renate Kolloch, Mick Hopkinsons Freundin und uns allen wohlbekannt. Sie hat einige Zeit in Bradford gearbeitet und spricht fließend Englisch. Sie macht den Eindruck, als sei sie in Yorkshire ebenso zu Hause wie in Deutschland.

Es ist Zeit zum Abendessen, als wir endlich Ausrüstung und Proviant ausgeladen und in unserem vorläufigen Hauptquartier verstaut haben. Erhitzt und verschwitzt nach einem langen Arbeitstag bei schwülem Wetter, gönnen wir uns ein erfrischendes Bad in einem großen See vor den Toren der Stadt. Und anschließend? Wie im Wurstzentrum der Welt nicht anders zu erwarten, sind dann deutsche Knoblauchwurst, Schweizer Käse und frischgebackenes knuspriges Brot – noch warm – an der Reihe, das wir mit deutschem Bier hinunterspülen, und all das an einem herrlich sonnigen Spätnachmittag im Freien.

Unser nächstes Ziel ist Augsburg. Hier, unweit von München, wollen wir auf der olympischen Slalomstrecke üben. Wir wissen, daß der Dudh Kosi eines der schwierigsten Wildwasser sein wird, das auch nur einer von uns je kennengelernt hat. Dafür wollen wir uns nun in eine Spitzenkondition bringen, sowohl körperlich als auch seelisch. In England gibt es keine Flüsse, deren Schwierigkeitsgrad für unser Vortraining ausreicht, und deshalb kommen nur die Flüsse der Alpen in Frage. Nur hier können wir lernen, gefährliches Wildwasser bei hoher Geschwindigkeit richtig einzuschätzen. Ohne ständige Übung geht diese Kunst schnell verloren, und es ist für die Mannschaft lebenswichtig, ihren Fähigkeiten unter extremen Bedingungen vertrauen zu können. Die Augsburger Slalomstrecke ist speziell für die Olympischen Spiele von 1972

Auf der olympischen Slalomstrecke in Augsburg

gebaut worden – ein einzigartiger künstlicher Wasserlauf voller großer, glatter Betonfelsen, in dem sich schwere Wasserfälle und Stromschnellen, die durch riesige Schleusentore kontrolliert werden, abwechseln. Hier kann man besonders gut trainieren, und wir verbringen mehrere Tage dort, um die Muskeln zu kräftigen und unsere Reflexe zu schulen.

Wasserläufe werden nach dem Schwierigkeitsgrad der Stromschnellen eingestuft. In diesem Buch verwende ich die folgende Klassifizierung: Grad 1 für ruhig dahinfließendes Wasser, Grad 2 für fließendes Wasser mit gelegentlichen Felsen, Grad 3 für eine stärker verblockte Strecke. Große einzelne Wasserfälle nenne ich Grad 4, längere, ununterbrochen mit Stromschnellen durchsetzte Strecken Grad 5. Grad 6 ist das schwerste überhaupt, hier besteht Lebensgefahr, weil man sich schwimmend nicht retten kann.

Unsere Trainingszeit in Augsburg haben wir nun abge-

Dieser künstliche Wasserlauf hat auf einen Kilometer Länge ein Gefälle von zehn Metern

schlossen, und ich beschließe, nach Lofer in Österreich weiterzureisen, wo ich 1972 und 1974 als Mitglied einer britischen Mannschaft schon einmal mitgekämpft habe. Im Gegensatz zum Inn bildet die Saalach am Stadtrand eine tiefe Schlucht und erzeugt eine Reihe von rasch strömenden Schnellen.

Im Sommer hält der Kanu-Club des Städtchens einen Slalom oberhalb der Stadtbrücke ab, aber unterhalb traut sich kaum jemand hin, zumal ein Schild am Geländer steht „Gefahr! Kajaks verboten!" Das ist jammerschade, denn die Schlucht bietet eine herrliche, fünf Kilometer lange Fahrt voller aufregender Hindernisse wie Walzen, Stufen, Schwallen – kurz, äußerst schwierige Wasserverhältnisse.

Ich habe versprochen, für die „Nachrichten" ein wenig zu filmen, und die Schlucht scheint mir dafür sehr gut geeignet. Wir verbringen den Nachmittag sozusagen mit

„Schauturnen" vor der Kamera: Wir kentern, richten uns wieder auf, benutzen den Druck der Walzen, damit die Kajaks sich aufbäumen – und genießen es aus vollem Herzen, auf dem Wasser zu sein.

Unser nächstes Ziel ist Spittal in Kärnten. Eine berühmte Stadt in der Welt der Kanuten! Dort sollen 1977 die Kanu-Weltmeisterschaften abgehalten werden. Als wir ankommen, ist die britische Mannschaft gerade im Begriff, ihr Training anlaufen zu lassen, nur reicht das Wasser zum Kajakfahren leider nicht aus. Deshalb geht's am nächsten Vormittag weiter zum Iseltal und den Hubenfällen.

Das ist zwar nur neunzig Kilometer weiter weg, aber obwohl wir früh abfahren, kommen wir erst um elf Uhr am Fuß der Hubenfälle an. Die Straße quält sich in Windungen am Flußtal entlang, und wenngleich wir weiter oberhalb entlangfahren, sehen wir immer mal wieder rasende Stromschnellen voller Felsgestein. Wir befinden uns nun in viel größerer Höhe, und die Schneeschmelze ist erwartungsgemäß stark und von zuverlässiger Dauer, so daß wir einen echten Konditions- und Geschicklichkeitstest erwarten können.

Alle Sportarten fordern ihre Opfer, alle bergen in sich ein Element von Gefahr. Es ist wohl diese völlige Hingabe an dem Wettkampf zwischen Geschick und Gefahr, was den Reiz sowohl des Bergsports wie des Kajakfahrens ausmacht. Nicht daß so sehr viele Menschen in Großbritannien im Laufe eines Jahres ums Leben kämen! Nach einer Statistik über den Zeitraum von 1970 bis 1976 betragen die tödlichen Unfälle

1970	sechzehn	1974	elf
1971	sieben	1975	sechs
1972	sechzehn	1976	acht (Opfer pro Jahr).
1973	sieben		

Wenn man bedenkt, daß es sich in den meisten Fällen nicht um erfahrene Kanuten handelt, sondern um unbeaufsichtigte Laien, wird einem deutlich, daß Kajakfahren letzten Endes doch ein relativ ungefährlicher Sport ist. Unter den Amateuren mit professioneller Erfahrung gibt es im Jahr vielleicht zwei oder drei Unfälle mit Todesfolge. Einer ist vor zehn Jahren bei den Hubenfällen geschehen. Das Opfer war ein englischer Kanute, der irrtümlich oberhalb statt unterhalb des Falls zu Wasser gegangen war und dadurch sein Leben verlor.

Das war so: Im Jahr 1965 kamen begeisterte Mitglieder des Kanu-Clubs von Chalfont, Philip Sixsmith und Tim Ridehough, ins Iseltal. Offensichtlich verstanden sie die Anweisungen falsch. Als der Fluß Hochwasser führte, gingen sie oberhalb der Fälle zu Wasser. Schon nach ein paar hundert Metern fuhren sie nach einer Biegung unvermittelt in zwei große Walzen hinein. Ridehough wurde von der ersten erwischt und fiel aus seinem Kajak, das stromab verlorenging. Er wurde ans Ufer gespült, gegen einen Felsen gedrückt, und es gelang ihm, aus dem Fluß herauszukriechen. Sixsmith glückte es zwar, die Walzen zu durchfahren, aber er wurde von Ridehough das letzte Mal lebend gesehen, als er flußabwärts gerissen wurde. Sixsmiths Leiche wurde – hundertfünfzig Kilometer entfernt – eine Woche später gefunden.

Wir müssen sehr an die Tragödie von Sixsmith denken, als wir mit größter Vorsicht unsere Boote zu Wasser bringen. Die ganze Mannschaft ist nun auf der Isel, selbst John Gosling und zwei seiner englischen Freunde, Pete Henry und Tony Thompson.

Und gleich nach ein paar Sekunden gibt es Schwierigkeiten: zuerst für Gosling, dann auch für Tony Thompson, dessen Boot kieloben an einen Felsen gedrückt wird, was ihn zum Aussteigen zwingt. Obwohl die Isel sehr schnell fließt und wenige Nischen zum Ausruhen bietet, hat Gosling Glück, schwimmend das Ufer erreichen zu können. Bei Thompson geht es nicht so glimpflich ab. Er wird weggerissen und an einen mitten im Fluß liegenden Felsen gespült, auf dem er nun festsitzt. Wir besorgen eilends Seile, spannen eine Leine über den Fluß und ziehen ihn ans rettende Ufer.

Auf dem weiteren Weg flußabwärts haben wir keine größeren Probleme mehr. Nach zehn Kilometern kommen wir an eine Stelle, wo das Wasser über drei Wehre stürzt. Ich führe die Mannschaft hindurch und paddle zum linken Ufer, wo der Transit schon wartet. Wir laden die Boote auf und fahren zurück, um das Ganze zu wiederholen. Auch der zweite Versuch verläuft nicht ohne Zwischenfälle. Ein drittes Kajak muß abgeschrieben werden, weil es Rog Huyton nicht gelingt, an einer gefährlichen Stelle zu eskimotieren. So endet sein Manöver damit, daß er durchs kalte Wasser ans Ufer schwimmen muß.

Der Abend dämmert schließlich, und wir fahren sehr zufrieden zurück. Inzwischen sind in Spittal unsere speziell für die Expedition gebauten Boote aus England eingetroffen, Marke „Everest Elite", die wir sogleich aufladen, um schon am folgenden Tag weiter über Innsbruck nach Landeck zu reisen, sechzig Kilometer vor der Schweiz.

Wo das Flüßchen Sanna sich mit dem Inn vereint, liegt das verschlafene österreichische Städtchen Landeck in Tirol, ein Ort voller Andenkenläden und Cafés für die Touristen. Hier bieten beide Flüsse ausgezeichnete Möglichkeiten, Kajak zu fahren, und weitere fünfundvierzig Kilometer entfernt kommen die mit Gletscherwasser gespeisten Stromschnellen des Ötz, der noch spät im Sommer enorm viel Schmelzwasser von den Ötztaler Alpen mit sich führt

Training auf der Isel in Kärnten – eine gemütliche Spazierfahrt im Vergleich zu dem, was uns auf dem Dudh Kosi erwartete

und deshalb als eines der schwersten Wildwasser des Landes gilt.

Jedes Jahr werden auf der Sanna nationale Slalom- und Wildwasserrennen abgehalten. Die kleinen, aber technisch schwierigen Stromschnellen sind der Alptraum jedes Kanuten. Sie sehen so leicht aus, aber Jahr für Jahr gehen dort viele Boote verloren.

Die ortsansässigen Kanuten überlassen die bösartigeren und größeren Stromschnellen den waghalsigeren Sportlern von auswärts. Sechs Kilometer oberhalb der Stadt beginnt eine gefährliche Strecke voller Walzen, Prallwasser, sich brechenden Wellen – alles Hindernisse, die ein unheimliches Geschick und große Erfahrung verlangen.

Nach zwei Sanna- und Inntagen fahren wir zum Ötztal

hinüber. Es ist noch zu früh am Tag, um das Haupt-
schmelzwasser zu erwischen, das vom Gletscher herabfließt.
Wir drücken uns erst einmal in den Cafés herum und sehen
zu, wie der Regen herunterpladdert.

Um drei Uhr nachmittags beschließen wir, daß es losgehen kann. Der Regen hat aufgehört, und die Sonne blin-
zelt vorsichtig durch eine tiefhängende Wolkenbank. Nun
ist der Fluß schön hoch und reißend. Zehn Kilometer lang
stürzt er talab und fordert uns fast schon mit Grad 5 heraus.
Er ist flach: Selbst in der Mitte beträgt die Tiefe kaum mehr
als einen, bestenfalls anderthalb Meter, die Geschwindigkeit
ist unglaublich. Vom Beginn der Strecke bis zum Schluß ist
es die reinste Berg- und Talbahn. In der Mitte folgt eine
Welle der nächsten, an den Seiten sind viele kleine, aber un-
auffällige Walzen.

Der Inn: Das schwerste Wildwasser Europas

Als wir halb unten sind, treffen wir Hans Memminger. Er gehörte zu einer deutschen Kajakmannschaft, bis er sich eines Tages aus dem aktiven Sport zurückzog. Er wurde dann freier Filmproduzent und drehte an allen möglichen Ecken der Erde Filme über den Kanusport.

Gemeinsam fahren wir weiter und erreichen schließlich den Punkt, wo Ötz und Inn zusammenfließen. Es ist halb fünf Uhr nachmittags. Wir reiten noch über einige Stromschnellen, die dem Grand Canyon Ehre gemacht hätten, und sind dann am Endpunkt unserer Teststrecke, wo wir die Boote aus dem Wasser ziehen.

Memminger ist ein Jahr zuvor in Nepal gewesen und hat dort Fernsehaufnahmen gemacht. Wir kehren in ein Café am Fluß ein, wo er mir in gebrochenem Englisch von seiner Reise erzählt und wir uns gleich verabreden, seinen Film anzuschauen.

Eine Woche bleiben wir in Landeck. Vormittags reparieren wir die Boote, nachmittags setzen wir sie wieder auf den Stromschnellen aufs Spiel.

Am Wochenende fahren wir in die Schweiz weiter. Nun wollen wir die schwerste Wasserstrecke Europas anpacken, die Stelle, wo der Inn von der Schweiz nach Österreich hineinfließt.

1969 hatten wir dieses schwierige Stück, die Finstermünzschnellen, ausgelassen. Damals war ich, wie gesagt, in Jeff Slaters Mannschaft, die den Schweizer Inn im Auftrag des *Daily Telegraph* befuhr. Die Finstermünzstrecke hat schon viele Kanuten das Leben gekostet. 1973 ist Mick Hopkinson und mir die erste Abfahrt gelungen. Da mir noch Material für die „Zehn-Uhr-Nachrichten" fehlt, bin ich der Meinung, daß wir jetzt einen aufregenden Film liefern können.

Der Zoll liegt hinter uns, wir überqueren die Grenze

zwischen Österreich und der Schweiz. Der mühselige Transport entlang der Schlucht beginnt. Aus dreihundert Meter Höhe blicken wir in die Klamm hinab. Wie sich der Fluß da unten tief in die Felswände hineingesägt hat! Das reißende Wasser sieht zum Fürchten aus.

Wir fahren zu einer Stelle, die etwa fünf Kilometer oberhalb der Gefällstrecke liegt, wo Straße und Inn zusammentreffen und die Klamm beginnt. Dort wollen wir die Boote einsetzen. Während ich filme, macht sich die Mannschaft bereit, krabbelt die Schutthalde zum Ufer hinab und schiebt die Kajaks in den trübgrau vorbeitosenden Wildbach. Ich ziehe mich schnell um: Schwimmhose, ein dünnes Hemd, Anorak, Schwimmweste, Sturzhelm und Spitzdecke, und lasse mich ins Kajak hineingleiten. Die Sechzehn-Millimeter-Kamera kommt wasserdicht und stoßsicher in einem Plastikbeutel verpackt zwischen meine Knie.

Für die fünf Kilometer weite Anfahrt brauchen wir zehn Minuten, wobei wir das Ausschwenken ins Kehrwasser und das Überqueren der Schnellen unterwegs üben, bis wir in Sichtweite des Wasserfalls kommen. Er scheint mir seit dem Vorjahr vollkommen verändert. Selbst die nächsten fünfundvierzig Meter bis zur Kante sehen so schwierig aus wie nichts zuvor: einige enorm große Walzen und stehende Wellen, die in einen großen Kessel sich drehenden Wassers mit einem Durchmesser von fünfzehn Meter münden. Stromabwärts gibt es nur einen Ausweg nach rechts neben einem massigen Felsbrocken, gegen den das Wasser prallt und schäumt. Selbst dieser Ausgang sieht gefährlich aus. Der Beginn der Schnellen wird von einer riesigen Walze bewacht. Dazu kommt eine um fünfundachtzig Grad herabstürzende Wasserwand, die in eine abermalige Walze und mehrere sich brechende Wellen hineinrast. Ich ziehe mein Kajak ans Ufer und klettere durch die Felsen hoch zur

Finstermünz-Oberkante. Das wird interessante Filme geben! Ich richte die Kamera auf den Rand des Wasserfalls, als Mick Hopkinson und John Liddell sich daranmachen, ihre Höllenfahrt zu wagen.

Der erste ist John. Mutig fährt er genau auf die Mitte zu, schneidet zwei große Walzen oberhalb des Falls, wird von der dritten seitwärts gedrückt – es ist die letzte vor dem Rand –, es gelingt ihm noch, das Boot rückwärts zu paddeln, um es vom linken Eingangsfelsen wegzubekommen. Dann wird er über die Kante hinein in den Fall gerissen, aber leider in seitlicher Position, wobei er kentert, sich aber mühelos wieder aufrichtet und sich geschickt von der unteren Walze löst.

Mick Hopkinson hat nicht ganz soviel Glück. Er kentert schon bei der ersten Walze. Der erste Versuch einer Rolle

Der Inn verlangt uns einiges ab!

51

mißlingt, der zweite glückt ihm knapp. Ich schaue entsetzt zu, wie er gegen den großen linken Felsen getrieben wird, dem John gerade noch entronnen ist, und lasse die Kamera fallen, als ich sehe, wie er mit der Breitseite gegen den Felsen gedrückt und dann unter ihn gespült wird. Das ist genau die gleiche Situation, in der 1968 zwei Deutsche ertrunken sind. Mit einem Gefühl ohnmächtiger Hilflosigkeit renne ich an meiner Felskante entlang bis zu dem Punkt, gegenüber welchem Mick verschwunden ist. Kein Zeichen von Mick, keine Spur von seinem Kajak. Verzweifelt bohren sich meine Augen in den tosenden Wasserfall. Da! Roger Huyton, er steht stromaufwärts und schreit und gestikuliert wie verrückt. Ich reiße meinen Kopf herum und sehe Mick jenseits des Felsens auftauchen, Sturzhelm verdreht, Schürze halb abgerissen, kurz davor, zweieinhalb Meter senkrecht in einen Wasserfall zu stürzen. Wie durch ein Wunder gelingt es ihm, sein Kajak auf Kurs zu bringen, und während er sich rückwärts ans Heck lehnt, taucht das Kajak kopfüber in das Loch unterhalb des Falls, wobei es erneut kentert. Er richtet es wieder auf und macht einen restlos erschöpften Eindruck.

Ich springe in mein Kajak und paddle zu ihm hinüber. Er ist totenblaß und zittert am ganzen Leib. Er klammert sich seitlich fest und versucht Luft zu holen. Minutenlang ist er außerstande, auch nur ein Wort hervorzubringen. Schließlich stößt er seinen ersten Satz durch die Zähne: „Hoffentlich hast du's auf dem Film!" Ich weiß, daß es nicht so ist, mag es aber nicht zugeben und nicke nichtssagend.

Keine hundert Meter weiter abwärts folgt schon die nächste Stromschnelle. Auch sie verlangt den höchsten Einsatz unseres Könnens, so daß wir zuvor eine halbe Stunde lang am Ufer entlangstolpern und -klettern, ehe wir die Strecke festlegen. Als wir soweit sind, fährt Mick tapfer

vornweg, und wir schießen ohne weiteres Mißgeschick flußabwärts. Erschöpft lassen wir uns die letzten fünf Kilometer
zum Endpunkt treiben, paddeln zur Seite und ziehen die
Boote an Land. Aber – ach! – das Ufer liegt in Österreich,
die Pässe liegen in der Schweiz: Wir haben die Grenze überquert. Weiter aufwärts ist die Straße von Autoschlangen
verstopft, und unser Wagen mit trockenem Zeug ist nicht
in Sicht. Da hilft kein Bitten und kein Betteln – der Zoll
läßt uns nicht an den Autos vorbei, und so warten wir eine
halbe Stunde im Nieselregen und frieren vor uns hin.

Zu meiner Überraschung erbringt dieser Tag eine ausgezeichnete Filmausbeute. Sechs Tage später kann man sie
im Fernsehen in den Zehn-Uhr-Nachrichten bewundern.

Am siebenundzwanzigsten Juli machen wir uns auf den
Heimweg nach Deutschland. Boote sind zu reparieren,
unser Auto muß zur Inspektion, und der Proviant, den wir
in Frankfurt ausgepackt haben, muß wieder „an Bord".
Tony Thompson und Pete Henry müssen heim nach England, Joyce und Geoff Tabbner und Barbara Lloyd wollen
für unsere große Überlandreise abgeholt werden. Und
überhaupt sind noch allerlei Kleinigkeiten zu erledigen, ehe
es weitergehen kann.

Ich will schnell noch einmal nach England zurück, um
mich um den letzten Krimskrams zu kümmern. Die übrige
Mannschaft, außer Roger, der mich beim Fahren ablösen
soll, bleibt in Frankfurt zurück, um unsere Ausrüstung noch
einmal durchzusehen.

Wir fahren die Nacht durch von Frankfurt bis Ostende,
um die Fünf-Uhr-Fähre zu erreichen. Den Transit lassen wir
an der Pier stehen; Kajaks und Gepäck schleppen wir an
Bord. Eine Stunde Schlaf auf der Fähre muß erst mal
reichen. Dann sind wir schon in Dover und verbringen eine
unterhaltsame halbe Stunde mit dem Versuch, die Boote auf

den Doppeldeckerbus zu bekommen, mit dem wir zur Zollabfertigung fahren. Weiter geht's – wir nehmen einen
Mietwagen und rasen nach London, wo wir gegen elf Uhr
sind, uns sogleich trennen und in verschiedene Richtungen
davonstieben, um Filme abzuliefern, Zeitungsberichte einzureichen, die Fotoausrüstung noch zu vervollständigen und
all die tausend kleinen Dinge zu erledigen, die nun einmal
dazugehören.

Bis sechs Uhr abends ist alles klar, und zurück geht's nach
Dover – denken wir. Aber nach dreißig Kilometern platzt
ein Reifen, als wir mit über hundert Sachen durch die
Gegend jagen, das Auto schliddert hin und her, und wir
landen auf dem seitlichen Grünstreifen. Aufenthalt!
Reparaturen! Und irgendwann geht es doch weiter ... In
Dover lassen wir den Mietwagen stehen und eilen mit
prallen Rucksäcken auf die Fähre, die um neun Uhr ablegt.

Der Zoll in Ostende macht keine Schwierigkeiten, und
erleichtert finden wir unseren Transit dort, wo wir ihn ab-
gestellt haben. Roger setzt sich ans Steuer und fährt los, aber
keine fünfzehn Kilometer hinter Ostende fängt der Motor
an zu spucken. Hm ... Kein Treibstoff mehr! Ich verfluche
mich, daß ich nicht rechtzeitig darauf geachtet habe. Mit
kleinen Pausen quälen wir uns noch ein paar Kilometer
dahin, bis der letzte Tropfen verbraucht ist, dann ist nichts
mehr zu machen.

Wir sind mitten in einem Industriegebiet. Keine Tankstelle weit und breit. Wir beschließen notgedrungen, die
Nacht im Wagen zu verbringen.

Es ist kaum hell, da klopft jemand an die Scheibe. Ich
schäle mich aus meinem Schlafsack, wische die beschlagene
Scheibe ab und blicke in ein dickes Gesicht, das gerade her-
einstarrt. Roger wird wach und klettert aus dem Fahrzeug.
Was ist denn los? – Wir stehen neben einem Rangier-

schuppen und haben uns leider mitten auf die Schienen gestellt. – Roger erklärt dem Mann unser Problem. Dieser verschwindet in Richtung Schuppen und kommt sogleich mit einer Kanne Dieselöl zurück. Roger setzt sich wieder ans Steuer, und nach einigen Versuchen springt der Motor an. Es kann weitergehen! Schon nach zehn Minuten ist eine Tankstelle in Sicht. Wir füllen den Tank, und nun geht's nach Calais, wo Geoff und Joyce Tabbner und Barbara Lloyd bereits sehnsüchtig auf uns warten.

Schnell laden wir ihr Gepäck in den Transit und rollen erneut gen Belgien, durch Belgien hindurch und zur deutschen Autobahn. Es ist sengend heiß, die Sonne brennt uns aufs Dach, und wir knattern mit fünfundsiebzig Stundenkilometern Richtung Frankfurt, das wir am späten Nachmittag erreichen. Alles, was wir für die weite Überlandreise an Ausrüstung und Proviant benötigen, wird noch aufgeladen, und dann sinke ich in meinem Schlafsack zusammen und schlafe bis zum späten Vormittag des nächsten Tages.

Zwölftausend Kilometer bis Katmandu

„Ach, das ist ganz leicht. Einfach über den Kanal, und dann immer nach Osten. Ist alles Autobahn . . .“ Das war die Auskunft der Dame vom Automobilclub, Abteilung Überseereisen, von der ich mich bei der Planung unserer Überlandroute beraten lassen wollte. Mein Erstaunen über die reichlich optimistische Auskunft legte sich schnell, als ich auf den Kalender blickte. Es war der 1. April . . .

Vor zwanzig Jahren waren die fast zwölftausend Kilometer nach Katmandu eine abenteuerliche Sache: Schlaglöcher, Sandbahn, Schotter – unerträgliche Staubwolken bei trockenem Wetter, unergründlicher Schlamm, wenn es regnete, so daß selbst Fahrzeuge mit Allradantrieb bis zu den Achsen steckenblieben.

Heutzutage ist fast die ganze Strecke mit einer harten Oberfläche versehen, und Jahr für Jahr wird sie immer mehr befahren. Da gibt es Hippies, die knapp bei Kasse sind und über keine eigenen Beförderungsmittel verfügen. Sie lassen sich von Bussen oder Lastwagen mitnehmen. Da gibt es Reisegruppen, die professionell organisierte Überlandtouren unternehmen, und natürlich die Australier, die in ihren Kombiwagen auf dem Heimweg sind. Die Herren der Straße aber sind die großen bulligen Lastwagenfahrer, die ihr Geld damit verdienen, riesige Lkws von Kontinent zu Kontinent zu steuern.

Die Fahrzeuge sind genauso unterschiedlich wie die damit reisenden Menschen. Landrovers, alte zerbeulte Ford-Transits, Bedford-Laster, Feuerwehrautos, Krankenwagen und selbst Doppeldeckerbusse: alles ist schon auf dieser Piste gefahren, auf der Straße nach Katmandu.

Als ich meine Planung begann, hatte ich von der Reise noch keine Vorstellung und schon gar keine Erfahrung. Die Hauptsache war das geeignete Fahrzeug. Und das hatten wir! Ein Auto, das alle Träume eines Überlandreisenden erfüllt: ausgerüstet mit Stoffsitzen und Stereoempfänger, mit einem riesigen Dachgestell für die Boote, speziellen Stoßstangen zum Schutz gegen streunendes Viehzeug, einer besonderen Untenabdeckung der Ölwanne und verstärkten Stoßdämpfern und Federn.

Ich habe meine Informationen vom Automobilclub noch durch einschlägige Bücher aus der Leihbibliothek erweitert, und inzwischen bin ich – wie ich hoffe – auf alle Gefahren unserer bevorstehenden Reise vorbereitet.

Die Fahrt von Frankfurt über Österreich nach Jugoslawien verläuft ohne Aufregungen. Der jugoslawische Zoll allerdings hält uns für Wurstschmuggler – ausgerechnet! Wir überzeugen ihn schließlich von unseren ehrenvollen Absichten und erhalten die Erlaubnis zur Weiterreise. Die dreispurige Piste durch Jugoslawien ist schnell und gefährlich. Autowracks liegen auf beiden Seiten der Straße. Türkische Gastarbeiter aus deutschen Autofabriken und Zechen preschen auf der mittleren Fahrbahn gen Süden, um die Jahresferien in der Türkei bei Freunden und Verwandten zu verbringen. Die Ruhe, die Griechenland ausstrahlt, bietet einen willkommenen Gegensatz. Ein paar Stunden Ruhepause gönnen wir uns, es reicht für einen kurzen Sprung ins herrliche Mittelmeerwasser, und schon sind wir wieder unterwegs.

Wir überqueren den Bosporus. Hier endet Europa, und Asien beginnt. Istanbul nimmt uns auf, und wir fahren in den geschäftigen Hafen, einen besonders eindrucksvollen Stadtteil. Am Kai liegen zahlreiche Schiffe vor Anker, um zu bunkern oder beladen zu werden. Die Lastenträger eilen von Lagerschuppen zu Lagerschuppen und schleppen, was das Zeug hält, die Gangways hinauf.

Zwei Tage später sind wir gut tausend Kilometer östlich von Istanbul – da erwischt uns das Unglück: Kolbenfraß. Wir finden einen Mechaniker am Ort und sehen gespannt zu, wie er den Motor auseinandernimmt. Aber die verbogenen Pleuelstangen und kaputten Ventile kann selbst der Laie nicht übersehen. Nachdem die nächste Ford-Werkstatt etwa fünfhundert Kilometer in der Richtung liegt, aus der wir kommen – westlich von Ankara – miete ich einen Pritschenwagen und fahre mit Bob Hastings den langen Weg zurück, den Transit auf der Ladefläche. Die übrige Expeditionsmannschaft macht es sich mit der Ausrüstung in

Tausend Kilometer östlich von Istanbul sitzen wir fest:
Kolbenfraß!

einem alten Bombenkrater, inmitten eines Getreidefeldes,
bequem.

Halb im Scherz rufe ich Mick im Wegfahren noch zu:
„Also, bis in einer Woche!" Ich ahne in dem Moment nicht,
wie nahe ich der Wahrheit bin. Ersatzteile zu bekommen ist
mindestens so schwer wie der Kauf eines gebrauchten Sojus-
Raumschiffs.

„Beim letzten Mal", sagt der Mann in der Ford-Werkstatt,
„dauerte es vier Wochen, bis wir erreichten, daß die Ersatzteile hergeflogen wurden, zwei Wochen, sie durch den Zoll
zu bekommen, und einen Tag, um sie ins Fahrzeug ein-
zubauen."

Meine Pläne sind offenbar zum Scheitern verurteilt.
Unsere Entscheidung, die Überlandroute zur Beförderung
von Ausrüstung und Mannschaft zu wählen, ist ein kalku-
liertes Risiko gewesen, aber eine Panne dieses Ausmaßes

grenzt an eine Katastrophe. Die Verzögerung bedeutet nämlich, daß wir die Hochwasserperiode im Dudh Kosi verpassen werden und möglicherweise die ganze Sache abblasen müssen, ehe die Boote überhaupt zu Wasser gebracht worden sind. Da kann nur noch eins helfen – die Teile um jeden Preis heranschaffen, und wenn ich selbst nach London fliegen muß!

Ich mache einen Fernschreiber ausfindig und setze mich mit Bristol Street Motors in Verbindung. Nach einigen Minuten kommt die Antwort: „Passagier der Turkish Airlines bringt Ersatzteile morgen 3.40 h Istanbul." Ich stöhne auf, antworte aber sofort, daß ich hinkomme. Irgendwie muß ich nun also von Ankara nach Istanbul, aber wie? Für die sechshundert Kilometer bleiben mir nur zehn Stunden Zeit, denn inzwischen ist es fünf Uhr nachmittags vorbei. Ich rufe den Flughafen an. Ja, es gibt einen Abendflug von Ankara nach Istanbul. „Ist noch ein Platz frei?" Ich warte ein paar Minuten. „Tut mir schrecklich leid, die Maschine ist voll ausgebucht; auf der Warteliste stehen dreißig Leute."

Ein Mietwagen muß her. Ich blättere hastig das Branchentelefonbuch durch, bis ich eine Firma entdecke, die noch nicht geschlossen hat.

Acht Stunden Autofahrt! Es ist heiß, langweilig und eine einzige Quälerei. Wir kommen nur wenige Minuten vor Ankunft des erwarteten Flugzeuges an, bauen uns an der vereinbarten Stelle auf und halten das besprochene Zeichen von Bristol Street Motors in die Höhe. Nichts. Die wenigen Passagiere sind schnell vorbeimarschiert, und wir müssen uns damit abfinden, daß die Ersatzteile nicht mitgekommen sind.

Es folgen zwei Tage voller Hektik. Ein neues Fernschreiben erreicht uns über die Britische Botschaft; man meldet uns einen anderen Flug, eine neue Ankunftszeit und die bedauerliche Tatsache, daß die Teile nun per Luftfracht reisen und wir nicht umhin können, den ganzen komplizierten Wirrwarr türkischer Zollabfertigung auf uns zu nehmen. Die Einfuhrbestimmungen des Landes stammen offensichtlich noch aus der Zeit von Ramses dem Rostigen, und so rennen wir von Amt zu Amt, tragen Papier hin und her, sammeln Stempel und Unterschriften und erleben immer neue Kontrollen und Nachkontrollen, bis wir unsere Ersatzteile endlich mitnehmen dürfen. Der Freitagnachmittag ist vorbei, als der Zoll grünes Licht gibt, aber unsere Werkstatt in Ankara macht Wochenende. Die Reparatur dauert den ganzen Montag. Um sechs Uhr nachmittags werden die Batteriepole angeschlossen, wir drücken die Daumen und halten den Atem an: er springt an. „Uff!" seufzen wir erleichtert auf, als die Maschine in ruhigem Leerlauf vor sich hin nagelt. Die Elektrik wird schnell noch einmal nachgestellt und eine Probefahrt gemacht, und ab geht die Post, zurück zu unserer wartenden Mannschaft.

Der ist es inzwischen nicht schlechtgegangen. Die Kleinstadt hat sie gefeiert, geehrt und wie Berühmtheiten verwöhnt. Dave hat inzwischen schon ganz ordentlich Türkisch gelernt und den Aufenthalt dazu benutzt, einen Kanu-Club auf dem Dorftümpel zu gründen. Mit wieder beladenem Auto, begleitet vom ermutigenden Abschiedsgeschrei des Manby Canoe Club (türkische Abteilung), reisen wir endlich weiter. Ein starker Ölgeruch schreckt uns auf; die Treibstoffanzeige fällt viel zu schnell ab. Wir halten und untersuchen den Tank. Ein Leck! Aus einem zwei Zentimeter großen Loch strömt das Dieselöl. Mick verstopft es erst einmal mit seinem Finger. Inzwischen macht Rob einen Stöpsel aus Araldit und Watte und schließt das Leck. Nach wenigen Minuten ist der Tank wieder dicht.

Die Türkei hat miserable Straßen, und wir fahren wie auf rohen Eiern. Die Piste besteht aus Schotter und Fels. Die harten Steine machen unsere Reifen kaputt, und es hilft nichts – zu allem Überfluß müssen wir auch noch mehrmals Räder wechseln und Reifen flicken.

Vorsichtig quälen wir uns über einige sehr hohe Gebirgspässe. Im Winter sind sie wegen des Schnees oft geschlossen. Im Sommer ist es dort allerdings drückend heiß. Die Motorhaube lassen wir einen Spalt offen, damit die Maschine zusätzliche Kühlung erhält. Dennoch klettert der Temperaturanzeiger allmählich in die rote Zone, während wir zu den Pässen hinauf im ersten Gang höher und höher klettern. Im Wagen ist es schwül. Oben angekommen, müssen wir erst mal raus aus dem Ofen und Luft schnappen. Vor uns, so weit das Auge reicht, nur Berge und Hochebenen, ein faszinierendes Panorama. Abgekühlt rasen wir den Paß wieder bergab und lassen den Fahrtwind durch die Fenster herein.

Wir fahren von der Türkei in den Iran hinein. Die selbst zu später Stunde noch lebendige Stadt Teheran durchqueren wir nachts und rollen weiter auf flachen, langweiligen, aber sehr schnellen Fernstraßen. Nur nachts haben wir unseren Spaß, wenn uns die mit Hunderten von Lichtern geschmückten Lastwagen entgegenkommen, die uns an Weihnachtsbäume erinnern.

Unser erstes Auftanken ist ein Erlebnis. Als ich einen Augenblick weggehe, beginnt Gosling den Sechziglitertank aufzufüllen. Als ich zurückkehre, ist die Mannschaft mit Notizbüchern und Taschenrechnern bewaffnet. Sie rechnet und rechnet.

„Er hat recht", ruft Gosling.

„Wieso, was ist los?" frage ich.

„Wir dachten, der Preis stimmt nicht!"

„Hat er zuviel berechnet?"

„Im Gegenteil", antwortet Gosling. „Für ganze sechzig Liter knapp sechs Mark."

Es ist wirklich nicht zu glauben: In England kostet die gleiche Menge ungefähr fünfzig Mark.

Sechsunddreißig Stunden später: die Grenze von Afghanistan. Sechs lange Stunden heißt es warten, weil jedes Fahrzeug sorgfältig nach Drogen durchsucht wird. Schließlich sind wir an der Reihe. Als der afghanische Zollbeamte anfängt, sich der medizinischen Ausrüstung zu widmen, bekomme ich Angst. Hohe Gefängnisstrafen stehen auf Drogenschmuggel. Dabei ergeht es Ausländern meist schlechter als den Einheimischen. Als er mich bittet, die Arzttasche zu öffnen, fällt mir ein, daß ja auch zehn Morphiumampullen für Notfälle mit dabei sind. Ich kann nichts mehr ändern. Der Mann kramt in Phiolen und Pillendosen. Er nimmt das Morphium in die Hand, und ich erwarte Schwierigkeiten.

„Was ist das hier?" fragt er.

„Hm, es ist Morphium. Falls mal irgendwer ein Bein bricht oder so . . .", antworte ich. Zu meiner Überraschung nickt er anerkennend, legt die Sachen wieder in die Tasche und schließt sie. Ich habe keine Ahnung, ob er von unserer medizinischen Voraussicht beeindruckt oder von den Fachausdrücken, die ich benutzt habe, verwirrt ist. Morphin ist immerhin purifiziertes Haschisch, die hier streng verbotene Droge. Was auch immer – wir sind heilfroh, den afghanischen Zoll endlich hinter uns zu haben.

Es dauert eine Stunde, bis der Wagen wieder beladen ist. Dann aber geht es weiter, hinein in die trockenheiße Wüste Afghanistans. Vor uns entrollt sich eine prächtige Teerstraße. Sie ist vor fünfzehn Jahren mit russischer Hilfe gebaut worden. Alle fünfundsiebzig Kilometer gibt es eine

Tankstelle, alle fünfzig Meter einen Laternenpfahl. Was die Russen damals übersehen haben: Elektrizität ist in Afghanistan ziemlich selten. So hat man dann die elektrisch angetriebenen Zapfsäulen in Handpumpen umgebaut, und die Laternenpfähle dienen den Einheimischen zum Anleinen ihrer Kamele.

Die letzten hundertfünfzig Kilometer bis Kabul, das sozusagen nur einen Steinwurf von der Grenze Pakistans entfernt liegt, verlangen uns einiges ab. Die schon vorhandenen Beschädigungen an unseren Reifen und die sengende Hitze lassen einen Reifen nach dem anderen platzen. Unser Transit hat zwar sechs Räder, davon hinten rechts und links je zwei, aber zum Schluß müssen wir hinten nur mit drei und dann sogar mit zwei Rädern auskommen, weil uns der Ersatz fehlt. Im Schneckentempo erreichen wir Kabul, wo wir neue Reifen einkaufen. Nachdem wir den Transit in Ordnung gebracht haben, gönnen wir uns noch einen Tag Ruhe, ehe wir den Aufstieg durch die Schlucht von Kabul zur pakistanischen Grenze beginnen. Diese erreichen wir zu spät, um das Niemandsland zwischen Afghanistan und Pakistan noch zu durchqueren. Deshalb kampieren wir an der Grenze und überschreiten sie erst am darauffolgenden Morgen.

Die Schlucht von Kabul bildet gleichzeitig eine klimatische und eine natürliche Grenze zwischen den beiden Ländern. Nach dem heißen, trockenen Wüstenklima Afghanistans kommen wir nun auf pakistanischem Gebiet in strömenden Regen.

Fünfzehn Kilometer außerhalb von Lahore geraten wir in eine Überschwemmung. Ich sitze gerade am Steuer. Die Straße ist von verlassenen, überfluteten Fahrzeugen gesäumt. Mit Vollgas, um die Tourenzahl hoch zu halten, rolle ich vorsichtig in eine Stelle hinein, die mir ziemlich

*Fünfzehn Kilometer außerhalb von Lahore geraten
wir in eine Überschwemmung*

seicht erscheint. Als das „seichte Wasser" zum Fenster her-
eingluckert, brauche ich nicht mehr viel Phantasie, um zu
erkennen, daß es sich doch wohl um eine etwas größere
Vertiefung handelt.

In Panik auszubrechen – dafür ist gar keine Zeit mehr.
Ich brülle: „Alles raus! Schieben!!!" Der Motor stottert, und
wir kriechen zentimeterweise durch den Schlamm. Es gibt
nur eine Methode, in Wasser und Matsch den Straßen-
verlauf zu erahnen: ich lasse die anderen voranmarschieren!
Wenn sie bis zum Hals versinken, weiß ich, daß ich
woanders lang muß. So geht es zwei Stunden lang; wir
meistern eine kritische Stelle nach der anderen, aber keine,
die so schlimm ist wie die erste. Auf beiden Seiten stehen
die Felder kilometerweit unter Wasser. Wie Schiffbrüchige
auf einsamen Inseln warten die Einheimischen in ihren

Häusern und starren uns aus großen Augen an.

Erleichtert lassen wir schließlich die überfluteten Niederungen um Lahore hinter uns, aber schon gibt es eine neue Unterbrechung: ein umgekippter Lastwagen blockiert unseren Weg. Wir sind einigermaßen überrascht, daß sich kein Mensch die Mühe macht, das verunglückte Fahrzeug wieder auf die Beine zu stellen. Man schafft einfach eine kleine Umleitung. Mick Hopkinson behauptet später, der umgekippte Wagen sei bei seiner Rückkehr nach England noch immer dagewesen; inzwischen habe man den provisorischen Straßenbogen geteert ...

Wir rasen weiter, fest entschlossen, Nepal bis Ende August zu erreichen. Pakistan ist bald durchquert; wir brummen, so schnell es geht, durch Indien, und endlich liegt die nepalesische Grenze vor uns. Nur noch zwölf Kilometer bis Katmandu – nur noch ein bis zwei Stunden. Dachten wir zumindest. Es dauert noch zweieinhalb Tage, bis wir dieses kleine Stück Straße bezwingen, das durch Erdrutsche und Lawinen fast unpassierbar geworden ist. Es geht nur mühsam voran; an einem Punkt brauchen wir einen halben Tag für hundert Meter.

Wir sind völlig erschöpft, als wir schließlich die Vororte von Katmandu erreichen. Wir nehmen uns sogleich Zimmer im Hotel *Asia* und genießen endlich wieder ein heißes Bad und ein sauberes, bequemes Bett.

In Nepal ist Mike Cheney für unsere Expedition zuständig. Ich rufe ihn an, und er kommt mit fünf eigens dafür engagierten Leuten ins Hotel. Da ist zunächst Santabier, der Sirdar, also der Chef der Träger und Sherpas, mit einem Assistenten, ein Koch und zwei sechzehnjährige Hilfsköche, Jimmy und Soupa. Nun ist noch eine Trägertruppe von fünfzig Mann aufzustellen, die Santabier aussuchen soll.

Auf dem Markt von Katmandu

Mick Reynolds filmt, während Dave Manby die Tontöpfe studiert

Die folgenden Tage haben wir alle Hände voll zu tun, aber wir freuen uns, den mühsamen Treck von Frankfurt nun endlich hinter uns zu haben.

Für die nepalesischen Journalisten ist es nichts Ungewohntes, daß jemand den Everest besteigen möchte. Ihn mit dem Kajak hinunterzufahren, ist allerdings ein Plan, der – wie erwartet – einiges Erstaunen auslöst. Sie sind uns auf alle Fälle sehr freundlich gesonnen, und den Dudh Kosi kennen sie auch, was schon ein Fortschritt ist.

Der Amtsschimmel wiehert überall auf der Welt; das hat mit Klima und Entwicklung nur wenig zu tun. Nepal macht da keine Ausnahme – ganz im Gegenteil, möchte ich behaupten. So müssen wir also reichlich oft herumsitzen oder Schlange stehen und geduldig warten, bis die Beamten geruhen, sich uns zu widmen.

Die Verzögerung gibt uns immerhin Gelegenheit, die

Atmosphäre von Katmandu kennenzulernen, einer Stadt, die eine aufregende Mischung aus alter und neuer Zeit darstellt.

Es ist der 30. August 1977, 16.00 Uhr. Unsere Expedition erhält endlich die notwendigen Dokumente mit dem ministeriellen Stempel der Zustimmung versehen. Ich hoffe, daß sich diese Zustimmung auch auf die lärmende Fröhlichkeit bezieht, mit der wir uns nun erst einmal in die örtlichen Festivitäten stürzen. In dieser Nacht ist die Stadt voller Licht, Leben und Lebensfreude – die richtige Einstimmung für unsere Mannschaft!

Marsch nach Pheriche

Dienstag, der 31. August. Der Wecker reißt mich aus dem Schlaf. Ich fasse ins Dunkle und will ihn abstellen. Dabei schmeiße ich ihn runter, das Glas zersplittert, und er gibt seinen Geist für immer auf. Einmal noch drehe ich mich um und verstecke meinen Kopf in den Kissen, um ein paar Minuten herauszuschinden, ehe der Tag unwiderruflich beginnt.

Ich schäle mich aus dem Bettzeug und stelle mich unter die Brause. Dann packe ich meine Sachen und schleppe den Rucksack hinab zum Empfang und nach draußen in die kühle graue Morgendämmerung. Mike Cheney sitzt bereits geduldig hinter dem Steuer seines ziegelroten Landrovers. Zwei der Sherpas sind eifrig dabei, den Wagen bis zum Dach zu beladen: Rucksäcke, Reis für die Trägerkolonne und große Aluminiumkochtöpfe.

Es ist erst sechs Uhr morgens, und uns sitzt die lustige Nacht noch arg in den Knochen. Aber schließlich sind wir reisefertig, ich klettere an Bord, Cheney gibt Gas, und ab geht's. Die Straßen von Katmandu sind einsam und verlassen, als wir die Außenbezirke der Stadt durchfahren und uns nach Norden wenden. Unser Ziel ist Lamosangu. Von dort aus wollen wir unseren zweihundertsiebzig Kilometer langen Fußmarsch zum Everest-Basislager antreten. Cheney ist frisch und munter und genießt es, wieder einmal eine Expedition zu organisieren. Vergnügt schwatzt er auf Nepalesisch mit Purna, seinem Küchenboy, der rittlings auf dem Getriebetunnel sitzt. Wir passieren eine Kontrollschranke, aber man erkennt Cheney gleich und winkt ihn durch, ohne lange die Papiere anzuschauen.

Um zehn sind wir in Lamosangu. Die letzten Kilometer dorthin folgen wir bereits den Windungen des Sun Kosi, der mit seinen Katarakten, die sich mit denen des Colorado messen können, furchtgebietend aussieht: fünf Meter hohe

Leo Dickinson kontrolliert noch einmal seine Kamera-Ausrüstung

stehende Wellen, mächtige Löcher und überall Walzen. Lamosangu hat eine große Hängebrücke, die einzige Flußüberquerung auf Hunderten von Kilometern.

Allmählich wendet sich der Sun Kosi nach Osten, wo er sich mit zahlreichen Zuflüssen vereinigt – zu welchen auch der Dudh Kosi gehört – die das Wasser aus dem Himalayagebiet aufnehmen. Weiter abwärts mündet der Fluß in den Arun und ergießt sich in die Tiefebene Indiens.

Auf der anderen Seite der Brücke, wo die Träger ihre Lasten sortieren, herrscht ein buntes Durcheinander in Rot-, Blau- und Orangetönen – die Boote, Zelte, Proviantkästen und das ganze übrige Zubehör für unsere Expedition.

Wir entladen den Landrover und gehen vorsichtig über die lehmig-braun dahintosenden Wasser zum gegenüberliegenden Ufer.

John Liddell holt seine Federwaage hervor und beginnt die Lasten für jeden Träger abzumessen. Es war ausgemacht worden, daß jeder siebenundzwanzig Kilo trägt, und John sorgt für eine gerechte Verteilung. Inzwischen hat sich John Gosling eine signalrote Plastikfolie vorgenommen. Er zerschneidet sie in Quadrate und gibt sie den Trägern als Regenschutz.

Ich überlasse es John Liddell, Ordnung in das Durcheinander zu bringen, und setze mich in den Schatten einer Steinmauer. Träger nach Träger nimmt seine Last auf und setzt sich · in Richtung Everest in Bewegung. Eine große Horde neugierig starrender Kinder versammelt sich. Die Kajaks haben es ihnen besonders angetan. Ein kleiner grinsender Junge sitzt in einem der Boote. John Gosling drückt ihm ein Paddel in die Hand, ein anderer stülpt ihm einen Sturzhelm über, alles lacht und macht Witze, und die Kameras klicken, um die Szene zu verewigen.

Wir haben sechsundfünfzig Träger. Es sind keine Sherpas,

sondern Tamangs aus dem unteren Sun-Kosi-Tal – Männer und Jungen, Frauen und Mädchen. Die Männer tragen zerfetzte Shorts und weite Hemden, die Frauen sind in schwarze Tücher gewickelt. Alle laufen barfuß; die Hornhaut ihrer Sohlen schützt sie vor den spitzen und scharfen Steinen auf dem Weg.

Ihre Last tragen sie mit Hilfe eines Kopfriemens auf dem Rücken, den Nacken gespannt, den Blick halb nach unten gerichtet. Rechts und links des Kopfriemens laufen zwei Schnüre nach hinten, um das Gepäckstück auf beiden Seiten festzuhalten. Selbst die Kajaks werden auf die gleiche Weise befördert. Die Breitseite des Boots liegt auf dem Rücken des Trägers; von Bug und Heck geht je eine Leine hoch zu einer großen über die Stirn laufenden Kopfbinde. Nach einem kleinen Wortgeplänkel einigt sich John Liddell, der nun die ganze Verantwortung für die Trägerkolonne übernommen hat, mit einigen Trägern darauf, daß Kajaks so etwas Ähnliches sind wie Eisleitern, da sie lang und sperrig sind. Das bedeutet für zwölf der Angeheuerten einen täglichen Extralohn von knapp einer Mark. Die anderen Träger erhalten zwei Mark zwanzig pro Tag, womit man in Nepal schon fast zur gehobenen Steuerklasse gehört.

Der Chef der Truppe – der Chief Sirdar Santabier – überwacht das Ganze. Er ist ein ruhiger, tüchtiger Mann, der etwas Englisch spricht. Er ist professioneller Treckbegleiter und lebt sehr gut von der wachsenden Beliebtheit des Landes bei Treckern und Touristen.

Am späten Vormittag sind wir fertig zum Abmarsch. Jeder von uns trägt nur einen auf Rahmen gespannten Rucksack für die wichtigsten persönlichen Gebrauchsgegenstände. Mike Cheney schüttelt uns die Hand, wünscht uns alles Gute und winkt zum Abschied. Sehnsüchtig blickt er uns nach, als wir beginnen, die mühselige Strecke zum

Everest hinaufzusteigen. Zweifellos bedauert er es, nicht jünger zu sein, um mitkommen und an unserem Abenteuer teilhaben zu können.

Die Sonne brennt heiß von einem strahlend blauen Himmel herunter. Während ich den Pfad hochstapfe, strömt mir der Schweiß aus allen Poren. Von den zahlreichen Wanderern ist der Boden festgetreten. Bei jedem Schritt knarzt mein Schuhleder. Irgendwo in der Ferne ertönt ein nepalesisches Volkslied. Weit unten im Tal sieht man den Rauch von Lamosangu, wie er sich in die Lüfte kräuselt. Wild hupend fährt der Autobus von Katmandu in die Stadt hinein.

Jetzt ist der Moment der Entspannung gekommen. Ich fühle mich befreit von den Problemen und den Sorgen, die unsere Expedition seit unserer Abreise von England begleitet haben. Jetzt brauche ich nichts anderes zu tun, als vor mich hin zu wandern und die Schönheit der nepalesischen Landschaft zu genießen. Ich fange an, unseren Abstieg zu planen. Wenn wir erst zum Basislager marschieren, werden wir dann rechtzeitig unten am Fluß sein, solange der Monsunregen noch anhält? Oder besteht der Dudh Kosi dann nur noch aus einem Haufen Felsblöcke?

Endlich! Die Kuppe des ersten Hügels ist erreicht. Mick Hopkinson, John Gosling und Roger Huyton sind schon da und halten ein Glas *chai* (Tee) bereit. Nach der heißen Wanderung lasse ich mich in den Schatten eines Teehauses fallen. Dann studieren wir erst einmal die Landkarte unseres Anmarschgebietes.

Wir besprechen, wie es weitergehen soll. Von Katmandu bis zum Dudh-Kosi-Tal sind es ungefähr hundertfünfzig Kilometer, und von Jubing, wo der Anmarschweg den Fluß überquert, bis zum Basislager sind es noch einmal hundertzwanzig Kilometer. Der Pfad führt über zahlreiche Flüsse, da er nach Osten verläuft, und alle Flüsse von Nord nach Süd strömen. Es wird also ein ständiges Auf und Ab, und wenn man schließlich den Dudh Kosi erreicht, ist man zwar im Laufe der Strecke zwölftausend Meter hinauf und hinunter gelaufen, am Ende aber keine hundert Meter höher als in Katmandu. Das ist nicht sehr ermutigend für einen wie mich, der schon glaubt, daß er Hornhaut bekommt, wenn er im Krankenhaus von einer Abteilung in die nächste geht. Mick Hopkinson beschreibt die Situation sehr passend: „Das ist ungefähr so, als ob man vor dem Frühstück schnell seinen Hausberg besteigt, nach dem Frühstück wieder und schnell noch einmal, bevor man ins Bett geht."

Wir wandern weiter, in einer eigenartigen und faszinierenden Welt: die verräucherten Teehäuser, wo die Rauchwolken aus den Ritzen der Dächer hervorquellen, die Kinder, die aufgeregt schwatzend ein Weilchen hinter uns her laufen, die ergrauten alten Männer und Frauen, die in den dunklen Türhöhlen sitzen und wieder einmal einer Expedition nachblicken.

Um vier Uhr nachmittags setzt ein heftiger Regen ein. Aus dem Fußweg wird ein schmutzig-schlammiger Bach, und wir tasten uns mal rechts, mal links entlang, um nicht allzu tief zu versinken. Schlitternd, rutschend und fluchend suchen wir im nächsten *chai*-Haus Unterschlupf, wo wir uns – ein Haufen feucht dampfender Körper – dicht zusammengedrängt an großen Mengen heißen, süßen Tees erwärmen.

Der Regen ist so schnell vorbei, wie er gekommen ist, und der Marsch geht weiter. Der Himmel hängt voller Wattewolken, und in der Ferne grummelt ein Gewitter. Wir errichten unsere Zelte, und die Köche entfachen das Feuer, denn all unser Essen muß auf offenem Holzfeuer zubereitet werden.

Bei strömendem Regen suchen wir Schutz in einem chai-Haus

Die Kajaks sind durchsichtig und scheinen zu glühen, wenn die Sonne sie anstrahlt. Aber sie zu tragen ist keine große Freude. Um sie senkrecht zu befördern, sind sie zu lang. Trägt man sie breitseits – wie beschrieben – schauen sie rechts und links zwei Meter hervor. Wird der Weg besonders schmal oder führt er um eine scharfe Ecke, müssen die Träger sehr vorsichtig manövrieren, müssen sich und die Kanus schlangengleich drehen und wenden, um die Boote nicht zu verlieren oder an Bäumen und Felsen zu beschädigen. Bergauf, bergab, mit gebeugten Köpfen und runden Schultern quälen sich die Tamangs unbeirrbar voran, wanken abends allein oder in Gruppen ins Lager, wo sie ihre Last unter einer Persenning verstauen, und eilen, oft durchnäßt und schmutzig, ins nächste Dorf, um Essen und ein Nachtquartier zu finden.

Das vom Platzregen durchnäßte Holz ist schwer zu entzünden, und so braucht es seine Zeit, bis es dem Koch gelingt, das Feuer in Gang zu bringen. Ich sitze vor dem Zelt und schaue zu, wie er ins Feuer bläst und dabei krebsrot im Gesicht wird, als würde er jeden Moment platzen.

Jemand schlägt vor, wir sollten in das nächste *chang*-Haus gehen. Wir wandern querfeldein und bahnen uns einen Weg um riesige Haufen von Kuhdung. Es ist schon dunkel, als das Abendessen fertig ist, und wir stolpern zum großen Zelt zurück, wo Pancho das Mahl austeilt.

Wortlos mampfen wir vor uns hin – Trockenfleisch, Fertiggemüse, Traubenzucker, und spülen alles mit viel heißem Tee hinunter.

Ich habe gerade ein paar Bissen hinuntergeschluckt, als plötzlich einer sagt: „Das Zeug schmeckt ja nach Fiberglas!" Ein anderer stimmt zu: „Ja, finde ich auch!" Daraufhin

Alles schmeckt nach Fiberglas!

schmeckt es jeder. Das Ragout, die Kartoffeln, die Erbsen, der Traubenzucker, ja, alles hat den Geschmack von Fiberglasharz. Und der Tee? Der schmeckt nach Seife!

Wir grübeln darüber nach, woher das wohl kommen mag, und finden eine Erklärung. Der lange Aufenthalt in der Türkei, wo unsere ausgeladenen Vorräte lange in der Sonne gelegen haben, ist schuld. Ein Teil des Kunstharzes ist verdampft, und der Geruch ist in die Proviantkisten gedrungen, die um sie herum aufgestapelt waren. Wir untersuchen die angebrochene Kiste. Ohne Zweifel, ein starker Fiberglasgeruch. Und die Seifenstücke sind geschmolzen.

„Kann man nix machen", sage ich, „hoffentlich haben wir bei den anderen Kisten mehr Glück."

Die Mahlzeit ist beendet, allmählich verkrümeln sich die verschiedenen Leute in ihre Zelte. Ich teile das meine mit Roger, und wir machen es uns ganz gemütlich. Wir haben einen Kassettenrekorder und Tonbänder mit, außerdem einige Flaschen Wodka von einem edlen Spender. Nachdem wir das Zeugs einen Tag im Rucksack gehabt haben, meint Roger: „Besser schlucken als schleppen!" Und schließlich sinke ich unter den Tönen von Bob Dylan in einen benebelten Schlaf.

Ach, zu schnell ist die Nacht vorbei; schon um sechs wird der Reißverschluß aufgezogen. Jimmy, der Hilfskoch, blickt frisch und vergnügt herein und schiebt zwei dampfende Becher Tee ins Zelt. Ich bin kein Frühaufsteher und ziehe mir meinen Schlafsack über die Ohren. Aber schon stellen sich zwei Träger vor unser Zelt und treten von einem Bein aufs andere, damit wir endlich das Zelt freimachen und sie es einpacken und damit abmarschieren können. Ich stolpere nach draußen, verschütte die Hälfte meines Tees und stürze die andere Hälfte hinunter, um sie zu retten.

Es ist ein kühler, feuchter Morgen. Die Sonne, gerade

eben aufgegangen, schimmert durch eine dichte dunkel-
graue Wolkenbank im Osten. Mit gepackten Rucksäcken
wanken wir hinter den Trägern her, wobei wir erst eine
Stunde lang steigen und dann wieder langsam abwärts in ein
breites Flußtal marschieren. Der Weg zum Everest wird
schnell zu einer sich wiederholenden Routineangelegenheit.
Man steht um sechs auf, trinkt eine Tasse *chai,* packt und
bricht auf. Nach drei Stunden Fußmarsch gibt es Frühstück:
heiße Pfannkuchen, Haferbrei, Knäckebrot dick mit Margarine und Orangenmarmelade bestrichen, dazu einen
großen Topf Tee. Dann geht's weiter, unterbrochen von
zahlreichen kleinen Tee- und *chang*-Pausen. Das Mittagessen
entfällt. Bis zum frühen Nachmittag strahlt die Sonne.
Gegen drei Uhr zieht sich der Himmel zu, um vier entleeren
sich die schweren Monsunwolken in einem starken Regen-
guß. Die Regenschirme, die vormittags als Sonnenschutz
dienen, erfüllen am Nachmittag, wenn das Wasser buchstäblich vom Himmel fällt, ihren eigentlichen Zweck.

Kurz nach vier, sobald wir in die Nähe eines Dorfes mit
einem guten Lagerplatz kommen, halten wir an und
bereiten die Übernachtung vor. Einige Träger gehen einkaufen, die Zelte werden aufgestellt, wir trinken Tee und
radebrechen mit den Dorfbewohnern, während sich unsere
Köche mit dem Abendessen beschäftigen.

Nach dem Essen ziehen wir uns in die Zelte zurück, um
vor dem Schlafen noch ein wenig zu schwatzen, zu lesen,
Tagebuch zu führen und Briefe nach Hause zu schreiben.

Im Laufe unseres Marsches verbessert sich unsere körper-
liche Verfassung zusehends, aber wir haben auch unsere
Probleme, vor allem mit dem Essen. Zwei Parteien bilden
sich. Die eine behauptet, daß alles nach Fiberglas schmeckt,
die andere, daß wir an Halluzinationen leiden. Die letzteren
jedoch verlieren von Ma(h)l zu Ma(h)l Anhängerschaft, bis

nur noch John Gosling übrigbleibt. Er hat so viel Zeit und Mühe darauf verwandt, unsere Ernährung zu organisieren, daß er uns fast bis zuletzt zu überzeugen sucht, der Geschmack sei einwandfrei. Schließlich muß auch er klein beigeben und eingestehen, daß der Fiberglasgeschmack nicht zu leugnen ist, aber nun behauptet er: „Eigentlich schmeckt mir das gerade gut!"

Unser vormittäglicher Haferbrei hat offenbar am meisten abbekommen. Leider mißlingt es dem Koch jedesmal, abzuschätzen, wieviel er zubereiten soll. Irgendwie ist immer so viel übrig, daß es selbst für einen zweiten und dritten Nachschlag reicht. Nur Roger, John Gosling und Mick Hopkinson sehen sich in der Lage, größere Mengen Haferbrei zu verdrücken. Wir anderen können nur staunend zuschauen, wie sie ein wahres Wettessen veranstalten. Ein Teller nach dem anderen wird geleert. Der Sieger ist unbestreitbar Roger. Seine Spitzenleistung: zehn Teller hintereinander.

Aber es gibt ein noch viel unangenehmeres Problem als Haferbrei mit Kunstharzgeschmack: Blutegel! Wenn die üblichen Trecks und Touristengruppen zum Everest-Basislager und zum Sola Khumbu wandern, gewöhnlich im Oktober oder November, ist das Klima trocken, und Blutegel sind selten. Im September aber ist es feucht und warm, und dann wimmelt es davon. Sie lassen sich von den Bäumen fallen, sie kommen von den Grashalmen, sie saugen sich fest, wo immer sie einen unbedeckten Körperteil finden, vor allem an Oberschenkel und Waden. Wenn sie erst einmal am Körper sitzen, bemerkt man sie nicht mehr, denn sie sondern ein Betäubungsmittel ab. Während sie Blut saugen, werden sie von Minute zu Minute größer und dicker. Sie dringen überall ein, in die Zelte, in die Kajaks, ja, selbst in die Unterhosen, und letzteres ist – wie ein Expedi-

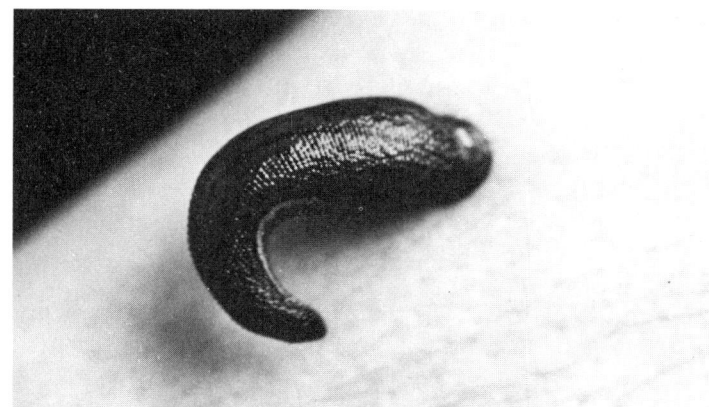

Die Blutegel quälen uns buchstäblich bis aufs Blut

tionsmitglied nur allzu bereitwillig bestätigt – schlimmer als der Eingang in die „Ewigen Jagdgründe".

Die schnellste Art, den Blutegel loszuwerden, ist, ihn mit einer brennenden Zigarette zu berühren. Eine langsamere Methode ist, ihn mit Salz zu bestreuen, was dazu führt, daß das eklige Wesen mitsamt seinem Blut explodiert. Aber immer bleibt eine blutende Wunde, weil der Egel gleichzeitig ein Mittel absondert, das die Blutgerinnung bremst, und so können nur allzu leicht Entzündungen entstehen, was im Verlauf unserer Unternehmung noch allerlei Probleme verursacht.

Allmählich entwickeln wir eine Egel-Neurose, und jeder hat seine eigene Methode, wie er den Biestern zu Leibe rückt. Der eine beginnt, mit Plastikbeuteln an den Füßen zu marschieren, der andere streut sich Salz in die Socken, der dritte reibt sich mit Chemikalien ein. Richtig funktionieren tut eigentlich nichts.

Während der Nacht ist die Plage am schlimmsten. Von

allen vorstellbaren Bettgenossen dürfte der Blutegel bei weitem der widerlichste sein. Auch hier probieren wir alle möglichen Tricks aus, um die Tierchen zu verbannen. Meine Methode sieht so aus: zunächst suche ich das Zelt sorgfältig ab. Dann entkleide ich mich und suche auch den eigenen Körper nach Blutegeln ab. Dann versiegele ich die Reißverschlüsse meines Zelts mit Klebeband, und schließlich fülle ich mich mit Alkohol ab, bis die Betäubung stärker ist als alle Befürchtungen.

Mein erster Versuch mit dieser Methode, die ich für unschlagbar halte und lauthals anpreise, wird zu einem Reinfall ohnegleichen. Bereits in der ersten halben Stunde werde ich das Opfer einer militärischen Zangenbewegung von zwei Blutegeln. Ach, das sind nur die Kinderkrankheiten meiner perfekten Methode, denke ich und schlafe ein. Plötzlich wache ich auf und weiß: Nun bist du dran, mein Junge! Ich schrecke hoch und sehe einen fußgroßen Blutfleck auf meinem Schlafsack. Ich schreie auf vor Entsetzen und bilde mir ein, zu verbluten. Ich reiße den Schlafsack auseinander und suche mit der Taschenlampe in der Hand wie verrückt nach dem verdammten Blutegel. Ich kann einfach nichts finden. Ich hole den Innenteil des Sacks aus der Zeltecke hervor, wohin ich ihn in meiner Panik geschmissen hatte und durchsuche auch diesen. Plötzlich breche ich in Gelächter aus, als mir klar wird, was passiert ist. Der sogenannte Blutfleck ist nichts anderes als ein Stück von dem breiten roten Klebeband, das sich vom Reißverschluß des Zelts gelöst hat.

Nach einem Fünftagemarsch haben wir den halben Weg zum Fluß hinter uns. Wir fühlen uns inzwischen viel wohler und genießen den „Spaziergang", wobei wir die Szenerie, die Gerüche und Geräusche der nepalesischen Landschaft in uns aufnehmen. Wir veranstalten eine Art Wettbewerb, wenn es heißt, vorneweg zu marschieren und

Barbara zaubert als Geburtstagsüberraschung plötzlich eine Dose Bier hervor

als erster die oft dreitausend Meter hohen Pässe zu erreichen, die wir erklimmen müssen, um in das Tal dahinter zu gelangen.

Der sechste September ist mein fünfundzwanzigster Geburtstag. Der Tag beginnt klar und strahlend. Wir gehen drei Stunden lang durch einen Talgrund, bis wir zu einem Dörfchen kommen, wo uns ein neuer Aufstieg erwartet. Die Hitze ist drückend. Mit nacktem Oberkörper setzen wir uns in den Schatten eines *chai*-Hauses und fangen Fliegen, während wir aufs Frühstück warten. Barbara, Leos Freundin, zaubert eine Dose Bier hervor, um meinen Geburtstag zu begießen, aber für die zwölf durstigen Seelen, die sich den Trunk teilen müssen, ergibt das nicht mehr als einen Schluck.

Alles läuft zu unserer Zufriedenheit; täglich prasselt der

Monsunregen auf uns hernieder, was für uns so wichtig ist, weil wir doch auf das Hochwasser angewiesen sind. Die einzelnen Mitglieder lernen einander kennen, alte Freundschaften werden vertieft und neue geschlossen.

Expeditionen gleichen geschlossenen Gesellschaften. Irgendwie vergißt man die Außenwelt, deren Probleme und die eigenen, und spinnt sich ein in die eigene Welt. Sie geben einem die Möglichkeit, auf sein bisheriges Leben zurückzublicken und die Gedanken von der Vergangenheit in die Zukunft schweifen zu lassen.

Wir haben unterwegs keine festen Aufgaben und verbringen den Tag damit, dem Pfad zu folgen, in *chai-* und *chang*-Häusern einzukehren, ein wenig vom Weg abzuweichen, um durch ein nepalesisches Dorf zu gehen oder einfach die wunderbare Landschaft zu genießen.

Leo und Mick Reynolds sind damit beschäftigt, möglichst viele Meter Film von unserem Anmarsch zu drehen. Gelegentlich wird eine Szene gestellt, aber meist rasen sie voraus, um uns zu filmen, wenn wir angestolpert kommen.

Leo hat ein unglaubliches Durchhaltevermögen – das Zeichen eines echten Profis, denn normalerweise ist man ja nach einem Tagesmarsch nur allzu froh, sich fallen lassen zu können und den Rest des Tages seinen Träumen nachzuhängen. Leo aber flitzt auch dann noch immer hin und her, rennt auf kleine Hügel, dreht und fotografiert und versucht pausenlos, unseren Anmarsch zum Everest in allen Einzelheiten auf den Film zu bannen.

Am 9. September erreichen wir den Dudh Kosi. Den historischen Augenblick verzeichne ich in meinem Tagebuch.

Oben rechts: Ein Dorf in Nepal. Unten rechts:
Auf unserem „Spaziergang" genießen wir die wunderbare Landschaft

„Wir machen um 11.30 Uhr oberhalb des Dudh-Kosi-Tales Rast, verschlingen hastig einige Pfannkuchen und ein paar Knäckebrote mit Marmelade und klettern dann sofort hinunter zum Fluß. Ein Baldachin aus dichtem Laub filtert das Sonnenlicht. Wir springen und rennen den felsigen Weg hinunter. Der aufregendste Augenblick einer Expedition ist stets der Moment, wenn das Ziel zum erstenmal in Sicht kommt. Wir arbeiten uns am letzten Stück Steilufer vorbei und stehen plötzlich keine zehn Meter über den schäumenden Wassern des Dudh Kosi, der mit fünfzig Stundenkilometer unter der Brücke hindurchbraust. Es gibt viele Walzen und Felsen, die teilweise aus dem Wasser ragen, sich teilweise unter Wasser hinziehen; ehe man sich's versieht, ist man ein paar Kajaks los. Was mich am meisten überrascht, ist der ununterbrochene Strom dieses Wildwassers. Kehrwasser gibt es, aber wir müssen schon sehr genau navigieren, um sie nicht zu verpassen. Wenn man aus dem Boot fällt, wird es schwer sein, sich durch Schwimmen zu retten. Leo verlangt, daß wir hier gleich mal eine kleine Abfahrt probieren, den Wasserfall oberhalb der von der Brücke überspannten Gefällstrecke hinunter. Aber ich bringe ihn mit dem Argument davon ab, daß es praktisch unmöglich sei, die Boote nachher wieder aus dem Wasser zu unserem Weg zu schaffen, weil das Ufer nahezu senkrecht abfällt. Vielleicht scheue ich mich auch ein wenig davor, mich an einer so schwierigen Stelle zu versuchen, solange ich noch nicht voll in Form bin."

Wir machen ein paar Schnappschüsse und überqueren dann die schwankende Hängebrücke aus Stahl. Am gegenüber-

liegenden Ufer scheint sich gerade ein Streit zwischen Santabier und den Trägern zu entwickeln. Sie wollen offensichtlich nur noch bis Jubing gehen, einem kleinen Ort, von
dem wir nur noch ein paar hundert Meter entfernt sind.
Santabier dagegen will, daß wir noch die größere Ortschaft
Karikola erreichen, denn dort gibt es einen guten Zeltplatz
und ein Schulhaus, in dem wir die Lasten neu verteilen
können.

Schließlich setzt sich Santabier durch, und wir verlassen
die Schlucht flußaufwärts in Richtung Karikola. Es geht
steil bergan, und während wir hinaufsteigen, öffnet sich vor
uns das Flußtal. Oberhalb von Jubing fließt der Dudh Kosi
durch eine tiefe Schlucht. Das Steilufer erhebt sich fast unmittelbar aus dem Wasser weit über hundert Meter hoch, so
daß man kaum mal zwischendurch das Kajak am Fluß ent-
langtragen kann. Theoretisch kann ein Kanute nur dann
behaupten, er habe einen Fluß bezwungen, wenn er die
ganze Zeit im Flußbett geblieben ist, auch dann, wenn er
das Boot tragen mußte. Hier nun müßte man das Steilufer
mit Hilfe von Seilen emporklettern, die Boote hinterher-
ziehen, auf dem Bergpfad ein Stückchen talabwärts gehen
und sich dann wieder ins Flußbett hinunter abseilen.

Der Schweiß läuft in Strömen, während wir dreihundert
Meter höher steigen, und bei den letzten paar Schritten
holen wir keuchend Luft. Von hier aus soll es nun direkt in
die Berge gehen. Tief in Gedanken versunken, trete ich
plötzlich ins Leere. Ich falle!!!

Schreiend vor Angst stürze ich ins Nichts! Sekunden,
Bruchteile von Sekunden – ein Ruck, der mir fast das
Rückgrat auseinanderreißt. Durch irgend etwas gehalten,
drehe ich mich schreckensbleich vorsichtig zur Seite und er-
kenne meinen Rucksack, der sich in einer Astgabel ver-
fangen hat.

Drei Meter über mir verläuft der Bergpfad, auf dem ich eben noch stand: knapp zwanzig Meter unter meinen Stiefeln ist nichts als Luft.

Rog, der unmittelbar hinter mir gegangen ist, hat meinen außerplanmäßigen Abstieg gesehen. „Halt", ruft er, „rühr dich nicht von der Stelle, ich mach schnell ein paar Bilder!"

„Laß die verdammten Fotos und hol mich hier raus!" schreie ich.

Es dauert fünf Minuten, bis ich – blaß und zerzaust – wieder auf dem Pfad stehe, zu dem man mich hochgehievt hat. Himmel, das war verdammt knapp, und dabei waren wir noch nicht mal auf dem Fluß!

Wir erreichen Karikola, eine kleine Ansammlung von Häusern und Teestuben. Es wimmelt von Kindern, und während wir unseren *chai* schlürfen, linsen viele von ihnen neugierig durch die Wandritzen.

An diesem Abend trinken und feiern die Träger bis tief in die Nacht hinein, und noch im Einschlafen vernehme ich ihren Singsang und ihre von stetigem Trommelschlag begleitete Musik. Hell und klar dämmert der Morgen des 10. September herauf. Endlich hat es einmal eine Nacht nicht geregnet; Zeltwand und Gras sind trocken und elastisch, aber nicht die Träger, denen der Kater in den Knochen sitzt, und die nur langsam in Gang kommen. John Liddell streitet sich wieder einmal mit der Truppe. Unterwegs haben wir nämlich einige Träger beurlaubt; denn in dem Maße, wie sich unser Proviant verbraucht, verringern sich auch die Lasten. Außerdem haben wir uns am Vorabend entschlossen, zehn Proviantkisten und zwei Boote in Karikola zu lassen, sie in einem *chai*-Haus unterzustellen und dem Eigentümer ein bißchen Geld fürs Aufpassen zu geben. John hat errechnet, daß wir jetzt nur noch sechsunddreißig Lasten für einundvierzig Träger haben, und nun hat er eine fürchterliche Auseinandersetzung mit Santabier, der keinen seiner Leute mehr entlassen möchte.

Aber dann schließen sie einen Kompromiß, und jeder ist zufrieden.

Inzwischen ist es acht Uhr geworden. Wir wollen nun endlich den Lagerplatz verlassen. Joyce Tabbner ist gerade dabei, einen durch das Dorf fließenden Gebirgsbach auf einem schmalen Steg zu überqueren. Plötzlich rutscht sie aus und landet höchst undamenhaft im eiskalten Wasser. Sie sieht so kläglich aus, daß wir unritterlich genug sind, laut loszulachen. Der einzige von uns, der nicht lacht, ist ihr Mann Geoff. Er findet das überhaupt nicht komisch! Er eilt ihr zu Hilfe und ist sauer, daß wir uns so amüsieren . . .

Oberhalb von Karikola erstreckt sich erneut das Dudh-Kosi-Tal vor unseren Augen. Es ist ein tiefer Einschnitt in

Der Dudh Kosi bildet einen tiefen Einschnitt in die Gebirgslandschaft. Im Hintergrund die schneebedeckten Gipfel des Himalaja

die Gebirgslandschaft, und weit dahinter sehen wir die schneebedeckten Gipfel des Himalaja, dessen Schmelzwasser unser Fluß führt.

Wir folgen dem Tal flußaufwärts. Unser Pfad windet sich an Felsstürzen entlang. Er ist nie weit vom Dudh Kosi entfernt, jedoch hoch über ihm, ein- bis zweitausend Meter vielleicht. Wir passieren Lughla, den kleinen Landeplatz im Gebirge, wohin reiche Amerikaner eingeflogen werden, um den Everest zu betrachten. Von dort geht es wieder abwärts zum Fluß. Bei Phakding überqueren wir den Dudh Kosi erneut, und nun laufen wir im Abstand von nur wenigen Metern parallel zu ihm.

Auf dem Weg nach Namche-Bazar, dem Markt von Sola Khumbu, herrscht ein ständiges Kommen und Gehen. In der Nähe des Ufers schlagen wir unser Lager für die Nacht auf. Der Lärm des Flusses ist ohrenbetäubend. Wir setzen uns ans Wasser und hören die Steine im Flußbett tanzen.

Wir alle haben große Lust, wieder einmal auf dem Wasser zu sein. Leo flitzt hin und her, um Stative aufzustellen und geeignete Blickwinkel ausfindig zu machen. Wir laden inzwischen die Kajaks aus und ziehen uns um. Zunächst wandern wir einen halben Kilometer aufwärts, um uns die Risiken anzuschauen. Schwierig genug sieht es aus: große Walzen und brechende Wellen.

Ich arbeite mich durch das Gebüsch und schiebe mein Boot auf die „Teststrecke". Sorgfältig dichte ich die Schürze zwischen meinem Körper und dem Kajak ab, damit kein Wasser eindringen kann. Es ist herrlich, nach so langer Zeit wieder auf dem Wasser zu sein. Ich stoße mich in die Strömung hinein und werde sofort gepackt, gedreht und flußabwärts gerissen. Ein schnelles Ausschermanöver, und ich erreiche ein Kehrwasser, wo ich auf die übrige Mannschaft warte.

Alle wirken etwas nervös. Paddeln auf schwerem Wild-wasser setzt normalerweise voraus, daß man zunächst auf leichteren Stromschnellen übt und seine Kondition langsam aufbaut. Aber hier müssen wir nun unvorbereitet mit dem schwersten Wasser fertig werden, das wir seit langem erlebt haben. Dabei haben wir zwei Monate lang in keinem Kajak mehr gesessen.

Mick Hopkinson kommt zu mir herübergepaddelt. Wir sitzen nebeneinander in unseren Booten und warten auf das Signal von Leo, daß die Kameras schußbereit sind. Unsere Nerven sind aufs äußerste gespannt.

Es ist soweit!

Man spürt den plötzlichen, heißen Adrenalinstoß im Körper und eine Explosion der eigenen Kraft, wie sich das Kajak in die Strömung schiebt. Es dreht sich, und ab geht's mit fünf-zig Stundenkilometer. Ich reite Welle über Welle und be-nutze die knappen Sekunden auf der Wellenkrone, um die Richtung zu ändern: rüber nach links, um einer Walze zu entgehen, rüber nach rechts, um den Sockel eines halbbe-deckten Felsblocks zu vermeiden. Vor mir fährt Mick, und ich versuche, ihn im Auge zu behalten und dabei das eigene Boot abzubremsen, um erst einmal den Weg abzuschätzen. Eine Welle bricht über mich herein, und noch eine, und ich falle in eine Walze. Ich konzentriere mich angesichts dieser Gefahren noch mehr und paddle querab an der Wildwasser-wand entlang, bis ich endlich, endlich einen Ausgang finde. Mick scheint in Gefahr zu sein, und plötzlich steht sein Kajak senkrecht im Wasser, als er in eine Walze gerät. Ich lehne mich hart seitwärts und versuche mein Boot wegzu-drücken, aber das Wasser ist zu schwer, und das Kajak rea-giert nicht. Schon donnert Micks Boot auf mich herunter. Ich kentere. Keine Zeit, Angst zu haben. Keine Zeit zum Atmen. Die Kälte ist schneidend. Fast automatisch schnellen die Paddel in Position für die Eskimorolle, ein Schlag, ein Hebeldruck, und das Kajak richtet sich wieder auf. Luft! Ich pumpe meine Lungen voll und suche verzweifelt nach einem rettenden Stau! Da – am linken Ufer ist einer zu sehen, und ich paddle mit letzter Kraftanstrengung dorthin. Mick tut das gleiche, und wir beide erreichen das Kehrwasser im selben Augenblick.

Wir schnappen nach Luft. Meine Lungen scheinen fast zu platzen. Auch auf zweitausendfünfhundert Meter Höhe ist der Sauerstoffmangel schon eine kritische Sache. Meine Arme sind wie Bleiklumpen. Ich kann kaum noch das Paddel heben. Wir alle haben uns in der trügerischen Geschwindigkeit und Größe der Stromschnellen getäuscht. Natürlich, Leo ist dabei jede Minute auf seine Kosten gekommen. Als wir unter der Brücke hervorschießen, rufen und klatschen die Einheimischen begeistert Beifall.

Wir schleppen die Boote das rechte Ufer empor, und Leo kommt loberfüllt angerannt. „Toll, Jungens, wirklich eindrucksvoll! Ein bißchen davon ist mir aber durch die Lappen gegangen. Könntet ihr das noch mal wiederholen?" Als er unseren Gesichtsausdruck sieht, bleibt ihm das Wort im Hals stecken.

Nach dem Abendessen sitzen wir noch lange zusammen und reden. Geschwindigkeit und Gefälle des Dudh Kosi haben uns überrascht. Es bleibt wenig Zeit zum Nachdenken – und keine für Fehler! Keiner von uns hat bisher ein Wildwasser erlebt, in dem die Katarakte so ununterbrochen aufeinanderfolgen wie beim Dudh Kosi. In den meisten Fällen kommt nach einer Stromschnelle eine Strecke ruhigen Wassers. Der Dudh Kosi dagegen hat einen Abfall nach dem anderen, und wenn man dort aus dem Boot fällt, besteht Lebensgefahr. Die Chance, dem Wildwasser schwimmend zu entkommen, ist sehr gering.

Während ich versuche, Mick im Auge zu behalten, bricht eine Welle nach der anderen über mich herein, und ich falle in eine Walze

Am nächsten Tag brechen wir schon früh auf, um der Quelle unseres Flusses entgegenzuwandern. Wir lassen die Träger zurück, damit sie die Zelte abbauen, und beobachten den Stromzug mit verstärkter Aufmerksamkeit, merken uns die Wasserfälle und planen im Geiste die Streckenführung über die Stromschnellen.

Für einen Kanuten besteht ein Fluß aus einer Reihe von Risiken und Schwierigkeiten. So wie ein Bergsteiger den Berg in Augenschein nimmt, den Fels betrachtet und versucht, sich eine Route für den geplanten Aufstieg vorzustellen, so betrachtet ein Kanute den Fluß und denkt sich eine Linie aus, die abwärts durch Stromschnellen und Verblockungen führt. Er muß sich überlegen, ob er eine Walze umgeht, ob er sich an eine brechende Welle herantraut oder sie besser umfährt, und dann seine Entscheidung treffen.

Als wir weiter aufwärts marschieren, bestätigen sich unsere Befürchtungen: eine Stromschnelle löst die andere ab. Keine Möglichkeit zum Pausieren, keine Stelle zum Anhalten, fast alle Schnellen Grad 6 – das Schwierigste, was es gibt. Da kann man aus einem Wasserfall nicht mehr herausschwimmen.

Gegen Abend erreichen wir Namche-Bazar. Ich muß irgendeine Virusinfektion bekommen haben, fühle mich schrecklich krank und völlig ausgepumpt. Der Aufstieg nach Namche ist eine Quälerei, alle paar Minuten muß ich stehenbleiben und verschnaufen. Auf halber Höhe kommt Mick Hopkinson zurückgelaufen. Er war schon oben und hat gesehen, daß ich Schwierigkeiten habe. Nun will er mir helfen. Dankbar überlasse ich ihm meinen Rucksack und lasse mir von ihm die letzten hundert Meter bergauf helfen. Dies ist eine wunderbar kameradschaftliche Geste von Mick, der sicher genauso müde ist wie wir alle. Sie beweist den freundschaftlichen Geist in unserer Mannschaft.

Namche liegt in Nebel verborgen, als wir ankommen. Es ist Markt und Mittelpunkt für das gesamte Sola-Khumbu-Gebiet und recht wohlhabend, weil es seit einigen Jahren von Touristengruppen, Trecks und Expeditionen profitiert, die unterwegs zum Mount Everest und den anderen Himalaja-Gipfeln sind.

Es gibt dort eine Reihe guter Läden, deren Regale von den übriggebliebenen Köstlichkeiten früherer Expeditionen überquellen. Wir entdecken Delikatessen, die wir monatelang nicht gesehen haben, und schlagen uns randvoll.

Diese Nacht verbringen wir im *Footrest Hotel*. Es ist erstaunlich, wie gastfreundlich die Sherpas ihre Häuser öffnen und große Opfer auf sich nehmen, damit sich der Fremde

In den Läden Namches entdecken wir langentbehrte Delikatessen

93

wie zu Hause fühlt. Man führt uns in einen großen, kreisrunden Raum oberhalb einer wackligen Treppe. In der Mitte lodert ein offenes Feuer, dessen Rauch gemächlich durch Fensterschlitze in den Wänden und durch Dachritzen nach draußen treibt. Um das Feuer herum stehen, kreisförmig angeordnet, ein paar Bankreihen, auf denen wir unsere Rucksäcke auspacken, um Schlafsack und Kleidung zu trocknen oder zu lüften. Die Hausfrau ist inzwischen eifrig dabei, *rhaksi* zu bereiten, ein hochprozentiges Getränk, das aus *chang* destilliert wird. Wir schauen uns das an und probieren die brennendscharfe Flüssigkeit.

Diesen Abend gibt es einheimisches Essen. Die Teller werden mit Reis und scharf gewürztem *dahl* gefüllt. Wir essen, trinken und reden bis spät in die Nacht und fallen schließlich in einen bleiernen Schlaf.

Mit glasigen Augen kommen wir um sechs Uhr in der Früh wieder auf die Beine. Das Frühstück besteht aus *tsampa,* das mit Tee und Margarine zu einer Art Haferbrei verrührt wird, für uns eine Art Babynahrung, und dann geht's zur Polizeibehörde, wo wir unsere Everest-Reiseerlaubnis abstempeln lassen müssen.

Alle Expeditionen ins Everest-Gebiet bedürfen einer Genehmigung durch die Regierung. Unsere Papiere werden sorgfältig vom Polizeichef persönlich überprüft. Aber leider ist nicht alles so, wie es sein soll. Die Schrift auf dem Permit von Mick Reynolds ist vom Regenwasser unleserlich geworden. Eine Auseinandersetzung beginnt, und Verzögerungen treten ein. Schließlich hilft ein Radioruf nach Katmandu, wo die beim Innenministerium hinterlegte Mannschaftsliste überprüft wird, und dann kann es endlich weitergehen.

Während wir aus dem Talkessel herausklettern, in welchem Namche liegt, mache ich mir Gedanken über John

Liddell. Er hat ein dickverbundenes Knie und leidet unter großen Schmerzen, als es steil bergauf geht. Eine Schuppenflechte hat ihn befallen, und in dem vielen Regen und der dauernden Feuchtigkeit haben seine wunden Stellen zu eitern begonnen. Um es noch ärger zu machen, bekommt er noch eine Ruhrkolik dazu, und er kann sich nur auf einen Stock gestützt hinkend mitschleppen. Er muß immer wieder einen Busch aufsuchen, um sich zu erleichtern, und bricht darin alle Häufigkeitsrekorde – allein vor dem Frühstück sechsundzwanzigmal. Allmählich geht das Toilettenpapier zur Neige, und Wochen später, wieder daheim in England, als man John fragt, was er so über die Expedition zu sagen weiß, denkt er kurz nach und antwortet: „Na ja, man wird in erster Linie Fachmann für große Blätter . . .‟

Oberhalb von Namche verschwindet der Fluß wieder einmal in einer wilden, rauhen Schlucht. Ab und zu schimmert das Weiß strudelnden Wildwassers zu uns herauf. Wir kommen zu einer Stelle, wo ein Koloß von einem Stein, so groß wie drei Häuser zusammen und sicher Hunderte von Tonnen schwer, wie ein lockerer Pfropfen über dem Fluß hängt, von beiden Steilufern knapp gehalten. Es sieht so aus, als wolle er jeden Moment hinabstürzen. Vielleicht gerade dann, wenn wir darunter durchfahren?

Weiter stromaufwärts erlaubt uns ein kleiner Felsvorsprung, direkt in die Schlucht hinabzublicken. Ich krabble hinauf und blicke die dreihundert Meter zum Dudh Kosi hinab. Auf beiden Ufern ist eine dichte, grüne, urwaldähnliche Vegetation auszumachen, die undurchdringlich scheint.

Und weiter geht es. Vor uns wird die Sonne vom *Everest View Hotel* reflektiert. Ein paar unternehmungslustige Japaner haben es errichten lassen, damit Touristen direkt von Katmandu aus hierherfliegen und dann mit Fünf-

Sterne-Komfort und Sauerstofftanks auf dem Rücken auf der Glasveranda sitzen und darauf warten können, daß ein Wolkenfenster sich auftut und den Everest enthüllt.

Am späten Nachmittag erreichen wir das Tengpoche-Kloster. Die Träger machen sich daran, die Zelte aufzuschlagen und das Abendessen zu bereiten. Ich gehe inzwischen zur Pangpoche-Brücke, wo der Dudh Kosi sechs Meter tief in eine Kluft stürzt. Im Laufe der Zeit hat das Wasser dort Nischen und Unterwasserhöhlen herausgespült. Ich stehe auf der Brücke und blicke hinab, wo sich der Fluß durch senkrechte Felsstürze hindurchquetscht, Strudel bildend, sich drehend, sich stauend und überschlagend in endloser Gischt. Wenn alles gutgeht, werden wir in einer Woche hier durchkommen . . .

Die Abenddämmerung senkt sich, und ich klettere zum

Aus der Nähe (von der Pangpoche-Brücke aus) zeigt der Dudh Kosi sein wahres Gesicht

Das Kloster Tengpoche

Kloster zurück, um unser Nachtmahl aus Reis und *dahl* einzunehmen und mit den Mönchen noch ein bißchen zu handeln, weil wir Bergsteigerausrüstung benötigen.

Nach kurzer Nacht sind wir wieder früh auf den Beinen. Eigentlich ist es üblich, sich ein paar Tage im Kloster auszuruhen, schon um sich zu akklimatisieren. Aber wir müssen den Wettlauf gegen die Zeit gewinnen und drängen voller Unruhe weiter. Wir überqueren die Brücke von Pangpoche, und dann geht es immer wieder hin und her über den Fluß bis nach Pheriche empor, wo wir – über viertausend Meter hoch – um zwei Uhr nachmittags ankommen.

Pheriche – nicht mehr als eine Ansammlung von Steingebäuden. Wir machen es uns dort jedenfalls für den Nachmittag in einem *chang*-Haus gemütlich. Es ist ein öder, einsamer Ort, der heute davon lebt, daß Reisende auf dem Weg zum Everest-Basislager dort hereinschauen. Für eine Mark fünfzig oder so bekommt man eine Schlafstelle auf dem Fußboden in einer der verräucherten Sherpahütten zugewiesen.

Drei Einkaufsläden gibt es, deren Regale voll sind mit Konserven und Delikatessen, welche die Einheimischen von vorbeiziehenden Expeditionen gekauft oder organisiert haben. Mir geht durch den Kopf, daß unser fiberglasgeschädigter Proviant leicht zu erkennen wäre, falls er „zufällig" auf den Regalen auftauchen würde.

Reichlich vorhanden sind neue Kartoffeln, die man hier nicht so verachtungsvoll betrachtet wie weiter unten im Land, wo man allgemein Reis ißt. Hier schmecken sie, leicht gesalzen und mit Margarine gegessen, delikat.

Wir essen gut, und während ich kauend vor mich hin brüte, fällt mir plötzlich etwas ein. Ob ich unsere Pläne nicht lieber ändern sollte? Meine Entscheidung kommt ganz impulsiv und unvorbereitet. Ich bin da nicht wie Chris Bonington – ich entscheide mich nach Gefühl. Bis jetzt ist es ein langer Marsch den Dudh Kosi hinauf gewesen, und die Abfahrt scheint mir ebenfalls lang und auch schwierig zu werden. Unsere Zeit ist jedoch begrenzt, und wir werden uns beeilen müssen. Ich habe nicht den Eindruck, daß der Fluß weiter oben noch genug Wasser führt. Aus der Entfernung sieht der Dudh Kosi oberhalb von Pheriche eigentlich nur noch wie ein feiner Wasserstrahl aus, ein Rinnsal also, das viel zu seicht ist. Zwar hoffe ich immer noch, vom Khumbu-Gletschersee loszupaddeln, aber zwischen ihm und Pheriche die Boote zu Wasser zu bringen – das scheint mir ein Ding der Unmöglichkeit. Abgesehen davon ist unser Zeitplan wahnsinnig knapp. Am besten man teilt die Expedition auf. Mick Hopkinson und ich marschieren weiter zum Everest-Basislager und von dort zum See. Unseren

zweiten Kameramann Mick Reynolds und unsere Bergsteiger Eric Jones und Geoff Tabbner nehmen wir mit – als
Hilfe, und um unseren Rekord, die höchste Höhe, die Kanuten je erreicht haben, festzuhalten. Inzwischen kann die
übrige Mannschaft, begleitet von Leo, schon damit anfangen, von Pheriche abwärts zu fahren.

Ich gebe meine Überlegung bekannt und ernte keinen
Dank dafür. Das ist nicht verwunderlich, schließlich hofft
jeder, den Everest zu sehen und sagen zu können, daß er im
Everest-Basislager gewesen ist. Auf zwanzig, fünfundzwanzig Kilometer heranzukommen und dann einen so
berühmten Ort nicht zu besuchen, ist hart. Zunächst glaube
ich, daß die anderen mich für selbstsüchtig halten, weil ich
zum Basislager marschieren will, aber das ist es gar nicht,
was sie am meisten ärgert. Der Hauptstreitpunkt – und das
ist die erste ernsthafte Auseinandersetzung während unserer
Expedition – dreht sich darum, ob wir sowohl Eric wie
Geoff mit zum Khumbu nehmen sollen. Möglicherweise
braucht Robs Mannschaft viel eher einen Bergsteiger für die
senkrechten Schluchten oberhalb von Namche als wir auf
dem Everest-Gletscher. Es kann ja sein, daß die Kanuten in
Schwierigkeiten geraten, und es dann darauf ankommt,
einen Bergsteiger zu haben, der senkrecht einen Felsen hin-
unterklettern kann, um ihnen zu Hilfe zu kommen, wenn
sie in einer Schlucht steckenbleiben. Leo hat mit meiner
Zustimmung vorgeschlagen, daß sowohl Geoff als auch Eric
mit zum Basislager kommen sollen, aber nun möchten die
anderen Geoff behalten. Geoff ist so anständig, daß er sich
entschließt, auf den Marsch nach oben zu verzichten. Dabei
hat er einen so wichtigen Anteil an der ganzen Vorarbeit
gehabt, die ganzen Schwierigkeiten mit auf sich genommen,
und nun wirklich gehofft, den Mount Everest als Höhepunkt seiner Reise zu erleben! Aber er verzichtet darauf, um

der Mannschaft bei Pheriche beizustehen.

Nun sind die Gewichte gut verteilt: Mick und ich als Kanuten, Mick Reynolds und Eric zu unserer Unterstützung auf dem Gletschersee – das ist die eine Mannschaft. Alle anderen bilden die zweite Mannschaft für die Fahrt flußabwärts. So können wir hoffen, unsere Expedition zum Erfolg zu führen. Die Mannschaft vom Basislager hat dann die Aufgabe, den Höhenrekord auf dem See aufzustellen und anschließend zu prüfen, ob der Oberlauf des Dudh Kosi von Pheriche navigierbar ist. Ist das nicht der Fall, wird sie so schnell wie möglich zu der zweiten Mannschaft stoßen, um die Fahrt flußabwärts in größerer Geschwindigkeit und in der zur Verfügung stehenden Zeit zu schaffen.

Brummelnd trennen sich einige Mannschaftsmitglieder von der abendlichen Eßrunde, und als es neun schlägt, liegt jeder in seiner Koje. Es ist eine kalte, ungemütliche Nacht. Je höher wir steigen, desto kälter wird es und desto stärker leiden wir unter Durchfall und Hämorrhoiden. Bei dem Geräusch brüllender Yaks falle ich in einen unruhigen Schlaf.

Höhenrekord im Kajaksport

Um sechs Uhr sind wir auf, um acht unterwegs. Froh, einmal die vielen Menschen hinter uns zu lassen, stapfen Mick und ich langsam bergan in Richtung auf Gorak Shep, Lobuche und das Basislager.

Ich denke darüber nach, wo wir unsere Sturzfahrt starten sollen. Wir werden hier auf dem Oberlauf des Dudh Kosi ganz besonders vorsichtig sein müssen. Wir haben nur zwölf Boote, und der Fluß ist reißender, die Wasserfälle sind steiler, die Stromschnellen gefährlicher, als wir angenommen haben. Zackige Felsblöcke, die zum Teil aus dem Wasser herausragen, warten nur darauf, die Kajaks aufzuschlitzen. Der Monsunregen hat den Gebirgsfluß in einen brodelnden, reißenden Strom verwandelt. Wenn er ein Boot gegen den Fels schmettert, ist es in weniger als einer Sekunde zertrümmert. Wir werden den Fluß mit großem Respekt behandeln müssen.

Natürlich möchte auch Geoff, wie jeder in unserer Mannschaft, gern zum Basislager hinauf. Aber wenn man Erfolg haben will, muß man das gemeinsame Ziel über die persönlichen Hoffnungen stellen. Es kommt in erster Linie darauf an, daß der Höhenweltrekord mit Kajaks aufgestellt wird und daß Kajaks den höchsten Fluß der Welt herunterkommen, aber es kommt nicht darauf an, wer von uns es getan hat.

Mick und ich klettern weiter und unterhalten uns darüber. Das Gehen fällt mir schwer, ich habe nur wenig geschlafen. Durchfallattacken haben mich mehrmals in die kalte Nacht vors Zelt getrieben. Ich fühle jetzt auch die Auswirkungen der extremen Höhe und muß mich alle paar hundert Meter ausruhen und auf mein Paddel lehnen.

Am Vorabend haben John Liddell und ich uns noch über zwei Stunden mit der Organisation unserer Trägerschaft auseinandersetzen müssen. Mit sechsundfünfzig Trägern sind wir ursprünglich abmarschiert. Von Katmandu bis Karikola ist die Zahl auf siebenundzwanzig gesunken, weil wir einen Teil des mitgeführten Proviants aufgegessen hatten und einige Vorräte und Boote unterwegs eingelagert haben. In Pheriche haben wir siebenundzwanzig Träger, aber nur neunzehn Lasten, was mich einigermaßen erstaunte. Ich sah mir die Leute genauer an, als sie abends ins Lager kamen und bemerkte, daß einige der Lasten nur aus

Wolldecken und Reisvorräten der Träger bestanden. Normalerweise tragen sie diese neben ihrer ausgemachten Last von siebenundzwanzig Kilo. Wir einigten uns schließlich darauf, weitere vier Mann zu entlassen und die Reise mit dreiundzwanzig fortzusetzen.

Ja – die Höhe macht sich inzwischen immer stärker bemerkbar. Alle leiden darunter. Da die meisten von uns kaum mehr als drei Monate Urlaub haben, hielt ich es für das beste, für die Unternehmung keinen längeren Zeitraum als diesen vorzusehen, schon unterwegs in Österreich und der Schweiz mit dem Training zu beginnen und nicht viel Zeit damit zu verschwenden, in Nepal herumzusitzen und darauf zu warten, daß wir uns an das Klima gewöhnen. Ich dachte, daß der langsame Marsch zum Everest ausreicht, um uns, die wir körperlich ohnehin fit sind, auf die dünne Luft einzustellen.

Aber nun, schlapp und benommen, frage ich mich, ob ich mich nicht geirrt habe. Man braucht große Körperkraft, um sich aus einer Walze zu lösen, und jetzt, wo ich meine liebe Not habe, mit den anderen Schritt zu halten, befällt mich Zweifel, ob ich überhaupt in der Lage sein werde, mit einigen dieser Wasserwände des Dudh Kosi, die ich bisher gesehen habe, fertig zu werden.

Auf viertausend Meter Höhe ist die Luft so sauerstoffarm, daß nicht genügend akklimatisierte Leute wie wir dazu neigen, Muskelkrämpfe zu bekommen, und jeder Schritt kostet viel Kraft. Die meisten, die den Everest besteigen wollen, verbringen einige Tage in Tengpoche, um sich einzugewöhnen, wir aber sind fast ohne Unterbrechung durchmarschiert.

Um zehn Uhr dreißig machen wir Frühstückspause. Es ist eine kalte, unfreundliche Gegend mit einer einsamen Hütte am Ufer des sprudelnden Bergstroms. Feuerholz ist hier meist nicht zu finden, denn der Ort liegt weit oberhalb der Baumgrenze. Unser zweiter Sirdar, der unsere vier Träger kommandiert, handelt einem kränklichen, schlechtgelaunten Sherpa das benötigte Holz ab, als dieser aus der Hütte kommt; den Geschäftsabschluß besiegeln sie mit Handschlag. Und nun dauert es nicht lange, bis wir im Windschatten des kleinen Hauses sitzen, während der Kessel munter kocht und die Pfannkuchen brutzeln.

Nach dem Frühstück klettern wir langsam weiter, wobei wir die Endmoräne im Zickzackkurs überqueren und schließlich eine flache Ebene und Lobuche erreichen. Noch ehe wir bei dem kleinen einstöckigen Gebäude sind, das die Siedlung markiert, fängt es in meinem Kopf an zu schwimmen. Ich muß mich auf einen Stein setzen und lasse die anderen vorbeiziehen. Fasziniert betrachte ich die Gegend, eine Mondlandschaft fast, mit Steinklötzen so groß wie Häuser, die wie scharfe Markierungen den Horizont durchschneiden.

Ich erhebe mich und gehe so schnell ich kann, weiter. In Lobuche ist Eric bereits dabei, die Zelte aufzuschlagen.

Gestern lagen zehn Zentimeter Schnee, heute ist keine Spur davon zu sehen. Wir sitzen in der rauchigen Hütte, knabbern Diätzwieback und trinken Tee. Es ist schwer, richtig zu atmen. Das Feuer flackert und qualmt in alle Richtungen. Unsere Augen sind blutunterlaufen und tränen, und ich ziehe mich eilends in den rauchärmeren Bereich der Türöffnung zurück.

Nach einigen Minuten sehe ich, daß ein hochgewachsener, schlanker Mann mit langen Schritten aus der Richtung des Everest-Basislagers herunterkommt, ihm folgt ein kleiner Troß, bestehend aus Ehefrau und Träger. In wenigen Minuten hat er ein kleines Ambulatorium errichtet, hält Sprechstunde und behandelt eine Vielzahl kleiner Verletzungen und leichter Krankheiten. Es ist John Mawson, ein Arzt aus Neuseeland, der im Dienst der Hillary-Stiftung steht.

Seit 1953, als Sir Hillary den Everest bestieg, hat sich der Arzt mit beträchtlicher Energie und viel Geschick um die Beschaffung von Spenden und Zuschüssen bemüht und mehrere hunderttausend Mark aufgebracht, um Schulen, Krankenhäuser, Landebahnen für Flugzeuge und Brücken für die Sherpa-Gemeinde zu bauen, die bei der Bezwingung des Everest eine so wichtige Rolle gespielt hat.

John Mawson erzählt uns ein bißchen von seinem Leben. Wenn er nicht gerade in den kleinen Krankenhäusern von Paphu oder Khumde zu tun hat, macht er meistens Hausbesuche in den Sherpa-Dörfern. Er sieht sehr gesund aus – kein Wunder, wenn man Monat für Monat seine siebenhundert Kilometer mit der Arztpraxis im Rucksack durchs Gebirge wandert. Er berichtet, daß sich zur Zeit eine amerikanische Bergsteigerexpedition im Basislager befindet, um den Mount Everest über die Süd-Col-Route zu besteigen. Mawson hat dort ein wenig ausgeholfen, weil die amerikanischen Ärzte durch heftige Schneefälle vier Tage lang in der Steilwand steckengeblieben sind.

Wir fragen ihn nach den Wetterverhältnissen, aus Sorge, daß der Monsun vorzeitig vorbei sein könnte, aber er beruhigt uns. Er hat im amerikanischen Lager über Radio erfahren, daß der Monsun noch in vollem Gange ist und die Regenfälle unvermindert bis in den Oktober hinein anhalten würden.

Diesen Abend hat Mick Hopkinson Küchendienst. Wir haben nur noch einen Proviantbehälter – weniger als eine Kiste. Je höher wir steigen, desto mehr schmeckt man den Fiberglasgeschmack im Essen durch. Schon der Geruch verursacht mir Übelkeit. Ich kriege mit Not ein paar Mundvoll herunter und trolle mich dann schnell in die Koje, denn im Schlafsack ist es relativ warm. Die Nächte werden immer kälter, und sobald die Sonne weg ist, beginnt es zu frieren.

Mick und ich unterhalten uns aber noch bis spät in die Nacht. Unser Tempo macht mir Sorgen. Wir hinken schon jetzt drei Wochen hinter unserem Zeitplan her, und trotz der Auskünfte von Mawson habe ich doch Angst, daß der Monsun bald vorbei ist. Das würde nämlich bedeuten, daß der Wasserstand rasch sinkt und fast nur noch ein mit Steinen übersätes Bett übrigbleibt, in dem die Boote zerschmettert werden. Abgesehen vom Wetter: auch unsere Finanzlage ist alles andere als rosig. Die Inflation ist in Nepal mindestens so schlimm wie anderswo, und unsere Kosten steigen mit Überschallgeschwindigkeit. Ob Zeit, Geld und Anzahl der Boote ausreichen, den Fluß in voller Länge hinunterzufahren? Wir überlegen, was dafür und dagegen spricht, wir erörtern die Ausweichmöglichkeiten und beschließen dann, uns vor allem auf den Abschnitt vom Basislager bis Jubing zu konzentrieren. Hinter Jubing ist das Gefälle stärker, und dort auf der unteren Strecke werden die Schwierigkeiten entsprechend geringer sein.

Als das Morgenlicht über den fernen Gipfeln erscheint, ist Mick Hopkinson schon auf, um den Sonnenaufgang zu filmen. Ich werfe einen Blick auf die Armbanduhr – es ist erst fünf Uhr dreißig; ich drehe mich noch mal um und schlafe unruhig, bis mich Mick um sieben aus dem Sack schüttelt. Mit dickem Kopf stehe ich langsam auf und mache mich an ein gutes Frühstück aus Haferbrei und gebratenem Räucherfisch. Diesmal schmeckt es delikat – keine Spur von Fiberglas mehr!

Während wir essen, legen die Träger unsere Zelte zusammen, und um neun Uhr dreißig geht es weiter. Das

Wetter ist besser geworden, und die Sonne strahlt von einem klaren blauen Himmel auf uns herab. Im Westen jagen ein paar Schäfchenwolken über die Bergspitzen. Mick Reynolds und ich haben Schwierigkeiten mit der großen Höhe und fallen an das Ende der Gruppe zurück. Gegen Mittag – die Sonne hat gerade den Zenit erreicht – sind wir auf der Moräne, von der aus man auf Gorak Shep hinabblickt.

Mick Reynolds und ich sitzen auf einem Felsvorsprung und können die ganze Moräne überblicken. Mick Hopkinson und Eric Jones sind mehr als einen Kilometer vor uns und dreihundert Meter tiefer, denn sie sind ein wenig vom Weg abgewichen, um einen der großen Seen zu besichtigen, die wie Narben in der Gletscherhaut sitzen. Es wirkt alles sehr nah, aber wir beobachten sie mehr als eine Stunde lang, als sie zu uns zurückklettern. Ihr Weg führt über einen schuttübersäten Hang, und die Sonne brennt gnadenlos auf sie herab. Völlig ausgepumpt kommen sie bei uns an. Zehn Minuten nur hat es gedauert, zum See hinabzuklettern, eine Stunde, sich wieder emporzukämpfen.

Ich mache mir Gedanken, wie wir wohl im Kajak auf die Höhe reagieren werden. Kann man es überhaupt schaffen, in dieser Höhe zu paddeln, wenn es doch darauf ankommt, die eigene Kraft immer wieder explosionsartig einzusetzen? Wir klettern weiter und weiter, legen allerdings häufig kleine Pausen ein. Nur Eric scheint das alles nichts auszumachen. Er muß eine unheimliche Ausdauer besitzen, was er auf seinen Alleingang-Klettertouren ja auch bewiesen hat. Er ist jedenfalls ganz in seinem Element.

Erschöpft erreichen wir am späten Nachmittag Gorak Shep, einen traurigen, einsamen Ort, der nur aus einem niedrigen Unterstand besteht, in dem niemand wohnt. Überall gibt es Hinweise auf den Preis, den der Mensch hat zahlen müssen, um den Everest zu bezwingen, und hinter der Hütte, in einen Felsen eingemeißelt, finden wir eine Inschrift, die an Mick Burke erinnert, den britischen Bergsteiger, der 1975 bei der Südwestwandbesteigung kurz vor dem Gipfel auf so tragische Weise ums Leben kam.

Die Zelte werden aufgebaut, und noch während sich unsere Träger daranmachen, ein Lagerfeuer in Gang zu bringen, falle ich in einen tiefen, ruhigen Schlaf.

Ich erwache, während es noch ganz dunkel ist. Eric hat einen köstlichen Saft zubereitet, den ich mit aufgesprungenen Lippen schlürfe und meine pergamenttrockene Kehle hinunterrieseln lasse. Ich habe Kopfschmerzen. Noch gar nicht ausgekleidet, befreie ich mich nur schnell von meinen Stiefeln, krieche in den Schlafsack und schlummere wieder ein.

Die Eiseskälte am frühen Morgen weckt mich erneut. Zitternd liege ich da und kann nicht wieder einschlafen. Der Sauerstoffmangel in dieser Höhe macht es fast unmöglich, gut zu schlafen, denn die Körpertemperatur sinkt zu schnell, wenn die Außentemperatur unter den Gefrierpunkt fällt.

Die Sonne geht auf, und ich krieche aus dem Zelt. An einem wenige Schritte entfernten Wassertümpel entkleide ich meinen Oberkörper, wasche und rasiere mich. Manchmal bleibt die Sauberkeit bei einer Expedition ein bißchen auf der Strecke. Vier Tage lang habe ich das Hemd nicht gewechselt und mich ebensolange nicht gewaschen.

Unsere Träger machen den Eindruck, fast die ganze Nacht nicht geschlafen zu haben. Sie sitzen, in Schals gehüllt, dicht ums Lagerfeuer gedrängt. Ein halbvoller Wasserkessel ist schon am Sieden, als das Feuer stärker angefacht wird.

Pancho kommt anmarschiert, Führer unserer Träger-

Auch die Träger spüren die eisige Kälte

gruppe. Er sieht streitlustig aus.

„Träger wollen nicht höher, Sahib."

„Was?" brause ich auf. „Ihr habt alle zugestimmt, zum Basislager zu marschieren. Zwei Drittel des Wegs sind geschafft. Fünf Meilen noch, und wir sind da!"

Eine erregte Unterhaltung beginnt, wobei Pancho Sprecher der Trägerkolonne ist, die trotzig umhersitzt. Ich weiß natürlich, daß es nur um Geld geht. Nach einer Weile finden wir einen Kompromiß – es gibt den doppelten Lohn und das Versprechen auf ein Bakshish, wenn die Reise zu Ende ist. Sie nehmen ihre Lasten wieder auf.

Als wir zum Basislager aufbrechen, liegen die uns umgebenden Berggipfel noch in Nebel verhüllt. Nach einigen hundert Metern geraten wir in Schnee und können der schlecht markierten Wegspur nur mit Mühe folgen. Der Schnee hat eine harte Kruste und zerbröckelt knirschend unter unseren Schritten, während wir bergauf wandern. Es herrscht eine geisterhafte Stille, als wir uns zwischen Klippen, Zinnen und Türmen aus Eis vorwärtsbewegen. Erst kurz vor dem Basislager kämpft sich die Sonne durch die niedrige Wolkendecke. Die Farben des amerikanischen Lagers sind unverwechselbar – ein leuchtendes Gelb mit orangefarbenen Punkten. Die Expedition ist in vollem Gang, als wir ins Lager kommen, und ein freundlicher Sherpa drückt uns einen riesengroßen Krug mit lauwarmem Orangensaft in die Hand, damit wir unseren ewigen Durst ein wenig stillen können.

Wir hören, daß sich die Amerikaner viel Zeit genommen haben, um sich an das Höhenklima zu gewöhnen. Drei Tage haben sie in Namche-Bazar verbracht, zwei in Tengpoche, und trotzdem haben einige von ihnen noch immer Probleme.

Mick Reynolds beginnt gerade, seine Fernsehkamera aufzubauen – da kommt schon ein nepalesischer Verbindungs-offizier und teilt uns mit, daß wir keine Genehmigung haben, im Basislager zu filmen. Nun, leider hat er recht, denn wir haben nicht nur keine Genehmigung zum Filmen dort, sondern unsere Trecking Permits sind ohnehin nur bis Pheriche ausgestellt. Um eine Auseinandersetzung zu vermeiden, verkrümeln wir uns schleunigst, wobei die Mannschaften einander Glück wünschen – wir den Amerikanern für ihren Aufstieg, sie uns für unsere Abwärtsfahrt.

Wir verschwinden hinter einem Felsvorsprung und bauen uns unbemerkt wieder auf. Die Boote stellen wir senkrecht, so daß sie den Everest einrahmen, und lassen uns fotografieren. Dann errichtet Mick Reynolds sein Stativ, läßt uns im Blickfeld der Kamera wie Stars umherstolzieren und schießt noch eine volle Kassette Film.

Nun müssen wir wieder etwas zurück und am Gletscherrand entlang nach unten marschieren, um irgendwo einen Weg durch das Labyrinth riesengroßer Eisblöcke hin zum Gletschersee zu finden. Dort soll nun die eigentliche Kajak-Expedition beginnen.

Es ist heiß und stickig auf dem Rückweg. Die Sonne brennt erbarmungslos auf uns nieder, und die Licht-Reflexion des Schnees ist stark. Dummerweise habe ich meine Schneebrille auf dem Lagerplatz der vergangenen Nacht, sieben bis acht Kilometer von hier, liegenlassen! Nun kostet es uns drei Stunden in der Backofenhitze, wieder zurückzulaufen. Dort angekommen, versuchen wir uns im Schatten des Gebäudes vor der Sonne zu verstecken. Der Abend kommt, und wir machen uns über unsere Armeeration her – ein Schmaus aus Würstchen, Bohnen und Tomaten – ein wahres Festmahl, wenn man bedenkt, was wir uns bisher gegönnt haben, aber immer noch bescheiden im Vergleich zu dem, was sich die Amerikaner leisten: frisch geschlachtete

Wir haben es mit unseren Kajaks tatäschlich bis zum Basislager geschafft

Hühner, frisches Gemüse – täglich von Namche-Bazar herbeigeschafft –, und gefriergetrocknete Eiscreme.

Das gebrauchte Geschirr packen wir übereinandergestapelt vor die Zelte, dann sinken wir ermattet in unsere Schlafsäcke und schlummern tief und fest bis zum darauffolgenden Morgen.

Ich erwache um sechs mit wahnsinnig schmerzenden Augen. Es ist, als ob tausend Nadeln in die Augäpfel stechen. Als es mir gelingt, die verschwollenen, zugeklebten Lider zu öffnen, sehe ich alles ganz verschwommen. Panik erfaßt mich. Was ist geschehen? – Ich bin schneeblind! Meine Strafe für meilenweites Laufen ohne Brille am Vortag. Auch Mick Reynolds ist ein wenig davon betroffen. Dennoch macht er sich in Begleitung von Mick Hopkinson und Eric Jones auf den Weg, den Kala Pattar zu besteigen,

111

ein Fünftausender, der dem Everest direkt gegenüberliegt. Man blickt von dort auf seine Westseite und hat einen atemberaubend schönen Blick auf seine schwungvollen Flanken und lawinengefährdeten Wände, die zum Gipfel hinaufführen. Das Glück ist endlich auf ihrer Seite: der Himmel ist klar und blau, und es gelingt ihnen, einige sehr schöne Fotoaufnahmen und Filme vom Mount Everest zu machen.

Ich allerdings verbringe den Tag hauptsächlich damit, mir selber leid zu tun, während ich in der Dunkelheit meines Zeltes liege. Furcht packt mich. Ob ich einen dauernden Augenschaden davontragen werde? Gegen Mittag tauchen Mick Hopkinson, Mick Reynolds und Eric Jones wieder auf. Die Träger beschweren sich lauthals. Ihr Feuerholz ist alle, vor allem deshalb, weil sie darauf bestehen, das Feuer die ganze Nacht hindurch brennen zu lassen. Auch ihre Vorräte gehen zur Neige. Uns bleibt nichts anderes übrig, als nach Lobuche zurückzukehren, um die Vorräte zu ergänzen, und danach den Weg empor zum Gletschersee anzutreten.

Ich verlasse den Lagerplatz, als die Zelte abgebaut werden, und suche mir unter großen Schwierigkeiten den steinigen Weg nach Lobuche. Wir kommen am späten Nachmittag dort an. Die Träger, die uns unterwegs überholt haben, haben das neue Lager schon aufgebaut. Ich krieche in mein Zelt und bin froh, aus der blendenden Sonne heraus zu sein. Selbst mit Schmerzmitteln verbringe ich eine schlechte Nacht, und erst gegen Morgen falle ich in einen erschöpften Schlaf.

Es ist jetzt der 17. September. Gleich nach dem Aufwachen stelle ich den Tagesplan auf. Heute müssen wir endlich auf den Gletscher gehen und den See sowie den Anfang des Flusses finden oder zurückgehen und wieder zu der übrigen Mannschaft stoßen. Wir sind schon fünf Tage getrennt, und wenn es noch länger dauert, ist unser Proviant zu Ende. Außerdem müssen wir die Abfahrt schaffen, solange der Monsun noch anhält. Ich fühle mich gräßlich unwohl. Mein Kopf, am Vortag noch ganz klar, schmerzt fürchterlich. Mick Hopkinson und Mick Reynolds geht es auch nicht viel besser, aber wir beschließen, unsere Kopfschmerzen zu ignorieren und uns zum Khumbu-Gletscher aufzumachen.

Wieder einmal zeigen die Träger keine Lust, mitzugehen. Wie gewöhnlich übernimmt Pancho die Rolle des Dolmetschers, wieder streiten wir uns über die gleichen Sachen wie zuvor. Mit verdoppeltem Lohn und dem Versprechen, ein Trinkgeld zu zahlen, überreden wir sie endlich, uns zum Gletscher zu begleiten.

Unser Frühstück aus Pfannkuchen und muffigen, fetttriefenden Keksen ist schnell erledigt. Wir brechen auf und stapfen durch den Schnee. Nach zwei Stunden erreichen wir den Punkt, wo der Pfad endet und man den Gletschersee überblicken kann. Von hier aus müssen wir uns unseren Weg durch gigantische Eisblöcke suchen, so gut es eben geht.

Wir kriechen und klettern über Eistrümmer und quälen uns bis zum See. Die Sonne nimmt uns die letzte Kraft. Um 9.30 Uhr sind wir endlich da. Eric Jones setzt den Rucksack ab und holt seinen Höhenmesser vor: fünftausenddreihundert Meter! Der Höhenweltrekord für Kajaks!

Aber können wir die Boote in und über den See bekommen, um den Rekord auch wirklich aufzustellen? Zum Glück ist keine geschlossene Eisdecke vorhanden, was bei bestimmten Wetterbedingungen, wie man uns sagte, durchaus hätte passieren können. Trotzdem sehen wir keinen Quadratzentimeter Wasser. Aber der See schimmert und glitzert, und wir erkennen, daß die Oberfläche mit unzähligen kleinen Eispartikeln bedeckt ist, in denen sich die Sonnenstrahlen brechen. Sie reiben sich aneinander auf dem leicht bewegten Wasser – große Würfel und kleine Eisklümpchen. Ob unsere Boote das überstehen, eingequetscht zwischen diesem sich reibenden, stoßenden und mahlenden Eis? Ob uns die Eisblöcke gegen die Eisberge drücken? Oder gelingt es uns, durch sie hindurchzusteuern?

Allein die Boote ins Wasser zu lassen, scheint ein Problem zu sein. Schnell ziehen wir uns um, und Mick Hopkinson erklärt, daß es nur eine Möglichkeit gibt, zu Wasser zu gehen, da überall um den See herum fünf Meter hohe Eiswände stehen: einen „Seehundstart". Die Kameras sirren, als wir uns in die Kajaks setzen und uns fertig machen, auf der Oberkante eines achtzig Grad steilen Abhangs balancieren, hin- und herschaukeln und plötzlich mit Schwung gleichzeitig zu Wasser gehen. Der See ist kristallklar und die Temperatur knapp über dem Gefrierpunkt. Unsere sanfte Bugwelle läßt die kleinen Eisblöcke auf und ab tanzen. Wie seltsam, in dieser ungewöhnlichen Umgebung im Kajak zu sitzen!

Über uns sehen wir die bedrohlich in die Höhe ragenden Eiswände, von denen Schmelzwasser herabrieselt und in den See läuft. Mick Reynolds baut seine Filmkamera auf, Eric Jones steigt auf eine fünfundzwanzig Meter hohe Eisspitze, um das Ganze von oben aufzunehmen. In der großen Höhe schnappen wir nach Luft, unsere nackten Hände umklammern die nassen Paddel, und die Nasen unserer Kajaks schneiden schmale Kanäle in das auf und ab wippende Eis. Vorsichtig gleiten wir voran, sanft schieben wir die schwimmenden Eisstücke beiseite und versuchen dabei, die Eisberge zu meiden und zu den Gletscherwänden einen Sicherheitsabstand zu halten.

Ein Gletscher ist eigentlich ein Fluß aus sich bewegendem Eis. Als wir den Gletscher überquerten, wurden wir uns seiner Bewegungen bewußt. Ab und zu hörten wir einen Knall wie einen Gewehrschuß, wenn sich ein Eisblock von der Masse des Gletschers abspaltete, und das fürchterliche Krachen, wenn er in den See stürzte, wobei Tausende von nadelscharfen Eispartikeln in die Luft stieben.

Wir paddeln den See langsam in seiner ganzen Länge ab, was furchtbar mühsam ist, denn die Kombination von extremer Höhe und eisigem Wasser kostet eine unheimliche Kraft. Plötzlich wird mein Kajak eingeklemmt – es gerät zwischen zwei schwimmende Eisberge. Ich habe Angst, daß es zwischen ihnen zermalmt wird. Schnell entledige ich mich meiner Spritzdecke, steige aus und hebe das Boot heraus, um es in Sicherheit zu bringen.

Dann manövrieren wir unsere Boote längsseits nebeneinander, und mit dem Höhenmesser im Blickfeld der Kameras schießt Eric sechs Bilder. Ein aufregender Moment: Wir haben den Höhenweltrekord im Kanusport aufgestellt!

Mick Reynolds brüllt zu uns herüber: „He, könnt ihr mal eben 'ne Eskimo-Rolle machen?"

„Mach keine Witze!" schreie ich zurück. „Weißt du, wie kalt das verdammte Wasser ist?"

Die Träger hocken auf dem Boden, lachen und reißen Witze, während wir uns unseren Weg über den See suchen. Die Sonne steht jetzt im Zenit, die Zeit drängt. Es war verkehrt, so lange auf dem See zu bleiben, denn allmählich beginnt ein wahres Bombardement von Eisstückchen und Splittern, die sich von den Eisbergen und -blöcken lösen und die Rinnen herunterprasseln. Das sieht zunächst noch ganz harmlos aus, aber mit einem Mal kommt ein wahres Trommelfeuer von Eisbrocken durch eine Spalte auf uns zu und donnert rund um die Kajaks ins Wasser, daß wir erschreckt das Weite suchen und der Gefahrenzone entfliehen.

Ich habe von Pheriche eine Bell & Howell mitgebracht, eine Spezialkamera, wie man sie in Jagdflugzeugen verwendet hat. Sie setzte sich von selbst in Gang, wenn die Bordkanone abgefeuert wurde und nahm automatisch das Ziel auf. Wir verwenden sie für friedlichere Zwecke. Leo hat sie umgebaut, so daß man sie in einem Unterwassergehäuse aufs Boot montieren kann. Dieses Gehäuse brauche ich im Moment zwar nicht, aber ich benutze die Kamera, um mit einem Weitwinkelobjektiv (85°) ein paar Aufnahmen vom See zu machen.

An einer Stelle verengt sich der See zu einer Fahrrinne im Eis. Über den neun Meter hohen Seitenwänden liegt, halb eingeklemmt, ein Dach aus Eisblöcken. Der Durchgang ist gerade so breit wie ein Kajak. Wir überlegen ein Weilchen,

Durch diese schmale Rinne kommen wir mit knapper Not hindurch

ehe wir uns hineintrauen. In dem gedämpften Licht manövrieren wir vorsichtig Meter um Meter voran. An einem Punkt ist die Rinne so eng, daß wir uns von den Wänden abdrücken müssen, um mit knapper Not durchzukommen. Es herrscht eine unheimliche Ruhe. Mick macht ein paar Filmaufnahmen von mir, und dann beschließen wir, daß es Zeit ist, umzukehren. Das ist sehr viel schwieriger, denn in der schmalen Rinne können wir nicht wenden und müssen nun zehn Meter rückwärts durch den Tunnel. Endlich sehen wir die Sonnenstrahlen am Tunnelende glitzern. Kaum sind wir wieder auf dem freien Wasser, hören wir das unheimliche Geräusch, wie Eis gegen Eis mahlt, sehen eine Kaskade von Eistrümmern herabprasseln, und dann gibt es einen mächtigen Krach! Ein mehrere Tonnen schwerer Eisblock donnert ins Wasser. Instinktiv ducken wir uns. Wir befinden uns genau am Rande dieses Bombardements. Ein Eisstück, so groß wie ein Golfball, trifft meinen Sturzhelm und prallt von ihm ab. Ein Splitter trifft Mick Hopkinsons Deck und hinterläßt ein Loch, so groß wie eine Untertasse, in seinem Boot. Die Luft ist voller Eisstücke, und die Kajaks schaukeln unkontrollierbar, als der Eisklotz im See verschwindet, kaum drei Meter von uns entfernt. Die Warnung reicht, wir haben die Nase voll und hauen ab, so schnell wir können. Um ein Haar hätte es uns erwischt; ein paar Sekunden zuvor sind wir im Tunnel genau an der Stelle gewesen, wo der Eisblock heruntergekommen ist.

Mit erhöhter Wachsamkeit setzen wir unsere Seerundfahrt fort. Diesmal machen wir einen großen Bogen um jede uns gefährlich erscheinende Eisklippe. Nach einem halben Kilometer sind unsere Arme bleischwer. Wir wollen schon aufgeben, da stoßen wir genau auf die Stelle, wo das Wasser des Gletschersees durch eine Masse aus Eis, Erde und Gestein bergab sickert – das Quellwasser des Dudh Kosi!

Wir ziehen die Kajaks aus dem Wasser; die Träger helfen uns, denn unsere Hände sind vor Kälte steif. Es gelingt uns, die Boote über eine steile Geröllhalde zu schleppen, wir können sie aber nicht wieder zu Wasser lassen, da der Wasserstand zu niedrig ist.

Die Schmelzwasserrinnsale der umliegenden Gletscher erwecken nicht den Eindruck, als ob sie sich vor Pheriche zu einem schiffbaren Gewässer vereinigen würden, was wir auch schon befürchtet hatten.

Eric Jones betätigt sich als Pfadfinder. Wir suchen unseren Weg zurück durch die Gletscherlandschaft zu unserem eigentlichen Pfad. Ab jetzt geht es nur noch bergab, und beschwingt durch den eben aufgestellten Höhenrekord eilen wir in weniger als eineinhalb Stunden nach Lobuche hinab.

Der lange Aufenthalt auf dem See verlangt seine Opfer. Die Polaroidbrille, die ich mir von Mick Hopkinson geborgt hatte, konnte die Blendwirkung des Sees nur wenig beheben. Ich mache mir nun wirklich Sorgen, denn meine Sehfähigkeit reicht nur noch ein bis zwei Meter, und alles ist unscharf. Ich habe allerdings keine Zeit zum Selbstmitleid, denn unser Proviant geht zur Neige, und die Träger drängen darauf, so schnell wie möglich nach Pheriche zurückzukehren. Einer von ihnen nimmt meinen Rucksack, was mir sehr hilft, und so klettere ich zu Tal, so schnell ich irgend kann.

Während ich den geschlängelten Pfad entlangstolpere, versuche ich so gut es geht festzustellen, ob der Wasserstand des Flusses wirklich zu knapp für unsere Boote ist. Auf dieser Höhe ist er eigentlich noch ein Bach, gewinnt aber bald an Breite und Tiefe, je weiter wir durch die wetterbedingte Düsternis, die schon den unvermeidlichen

Statt in diesem „Hotel" verbringen wir die Nacht im Garten eines Sherpa

Monsunregen ankündigt, nach unten kommen.

In Pheriche ist das Abendessen schon fast fertig. Mick Hopkinson hat einen Eimer Kartoffeln gekauft, die nun im großen Aluminiumtopf vor sich hin kochen. Es schmeckt uns gut diesmal – junge Kartoffeln mit geschmolzener Butter und Dosenfleisch, wozu wir Saft trinken. Diese Nacht verbringen wir im Garten eines Sherpa, sicher untergebracht vor wandernden Yaks und schnarrenden Hunden, aber mir ist kalt und ungemütlich, vollgepumpt mit Codein, aber voller Schmerzen infolge meiner Schneeblindheit. Ich bin froh, als es hell wird.

Nach einem Frühstück aus gebratenem Räucherfisch in Tomatensauce geht es weiter talabwärts. Wie es Rob und der übrigen Mannschaft wohl inzwischen ergangen ist? Haben sie Unfälle gehabt? Wie viele Boote sind verloren-

gegangen? Wie weit mögen sie gekommen sein? Nach-
denklich suche ich meinen Weg auf dem mit Steinen über-
säten Pfad.

Wir haben jetzt keinen Proviant mehr zu tragen. Was
wir brauchen, kaufen wir unterwegs. Wir essen hochherr-
schaftlich: hier ein Omelett, dort eine große Platte Reis und
dahl, dazu gibt es immer *tsampa* mit reichlich Margarine,
grobem nepalesischem Zucker, mit heißem sahnigen Tee zu
Brei verrührt. Es geht mir täglich besser. Ich fühle mich
kräftiger und leide nicht mehr unter diesen bohrenden
Kopfschmerzen und der tiefen Erschöpfung. Wir waren
eben viel zu schnell in die große Höhe hinaufgestiegen.

An diesem Tag legen wir zwei Etappen zurück. In
Namche-Bazar versuchen wir Auskunft zu bekommen, wo
sich Robs Mannschaft befindet und wie es ihr geht. Es ist
kaum acht Tage her, daß wir hier entlang gekommen sind.
Inzwischen sieht alles viel grüner und frischer aus, und die
ganze Landschaft ist in Sonnenlicht getaucht.

Im Kloster von Tengpoche finden wir ein in der Mitte
auseinandergebrochenes Kanu und eine drei Tage alte
Nachricht von Rob. Sie ist nur kurz und besagt, daß alles
gut läuft und wir doch bitte in Namche Mick Hopkinsons
Trekking Permit abholen möchten. Er braucht es, um es bei
der Polizei vorzulegen, ehe man ihn weiter talabwärts fahren
läßt.

Bis vier Uhr haben wir Namche erreicht, und wir werden
im *Footrest Hotel* willkommen geheißen. Mike Hoover, der
Filmproduzent der amerikanischen Everest-Mannschaft, ist
dort. Er hat sich vorübergehend von seinen Leuten abge-
setzt, um einen fürchterlich trockenen Husten loszuwerden,
ehe er sich an die Gipfelbesteigung macht.

Es gibt wieder *raksi;* herrliche nepalesische Gerichte werden aufgetischt, und hingerissen lauschen wir Eric, der zum

120

erstenmal aus sich herauskommt und bis spät in die Nacht von seinen Bergabenteuern erzählt. In der ersten Stunde beherrscht noch Mike Hoover die Unterhaltung, aber allmählich wird ihm klar, wie gut Eric ist. Er läßt ihm mehr und mehr den Vortritt, und wir lassen uns völlig von Erics Geschichten über Matterhorn und Eiger, über Bonatti und Brouillard verzaubern.

Es ist Mitternacht vorbei. Das Feuer ist fast niedergebrannt. Ich kann die rauchige Luft nicht mehr aushalten und gehe ein paar Minuten nach unten, um etwas frische Luft zu schnappen, bevor ich mich schlafen lege. Ein wunderbarer Nachthimmel wölbt sich über mir, die Sterne funkeln, und der Mond leuchtet auf die fernen Gipfel. Morgen werden wir nun zum Haupttrupp unserer Expeditionsmannschaft stoßen, und die nächste Phase des Abenteuers beginnt.

Der Fluß ohne Erbarmen

Während Mick und ich zum Everest-Basislager und zurückkletterten und dann auf dem Gletschersee paddelten, begab sich die Hauptmannschaft an der ersten schiffbaren Stelle auf den Dudh Kosi.

Die Mannschaft bestand aus Leo und Geoff sowie den fünf Kanuten John Gosling, John Liddell, Dave Manby, Roger Huyton und Rob Hastings. Der folgende Bericht ihrer Abfahrt von Pheriche nach Phakding ist aus dem „Tagebuch" zusammengestellt, das sie auf ein Kassettentonbandgerät gesprochen haben. Die Haupterzählung stammt von Roger Huyton; John Liddell hat das eine oder andere hinzugefügt:

Kaum ist die Mannschaft, die zum Basislager aufsteigt, von Pheriche abmarschiert, bittet Santabier, der Chef-Sirdar, um eine Besprechung zwischen den Trägern und John Liddell. Ein altes Schulpult wird nach draußen gebracht, an das sich John setzen soll, und die Träger hocken sich im Halbkreis mit gekreuzten Beinen um ihn herum. Das Palaver kann beginnen. Santabier spielt den Vermittler zwischen beiden Parteien, Pancho, der Koch, entpuppt sich als Sprecher der Trägerkolonne. Er trägt ihre Forderungen vor. Sie verlangen sofortige Vorschüsse auf ihren Lohn, die Zusicherung, daß keine weiteren Träger mehr entlassen werden und die Garantie von Trinkgeldern und Prämien, sobald die Tour vorbei ist.

John Liddell weist sie darauf hin, daß die nächste Vorschußzahlung erst in einer Woche fällig ist, denn die letzte Zahlung war gerade erst am Vortag erfolgt. Außerdem war es ja im voraus abgemacht, daß in dem Umfang, wie die Lasten abnehmen, überzählig gewordene Träger ausbezahlt und entlassen werden. Und schließlich bliebe noch zu bemerken, daß wir von vornherein mehr bezahlen als üblich und somit niemand erwarten könne, noch zusätzliche Trinkgelder und Prämien zu bekommen.

Pancho ist nicht zufrieden. Er berät sich mit seinen Trägern und trägt resolut ihre Forderungen noch einmal vor. Wenn wir diese nicht erfüllen, sagt er, würden die Träger nicht mehr für uns arbeiten. Es sieht so aus, als hätten wir es mit einem echten Aufstand zu tun. John Gosling sitzt die ganze Zeit im Hintergrund und hört sich alles an. Dann sieht er den Augenblick zum Handeln gekommen. Er pustet sich auf, bis der Druck ihm die Röte ins Gesicht treibt. Dann haut er mit aller Kraft mit der Faust auf den Tisch. Er brüllt, daß es durch das ganze Tal schallt.

„Ihr taugt überhaupt nichts! Ihr seid eine faule Bande! Ihr

mogelt mit euren Lasten und klaut aus den Vorräten! Ihr wollt wohl die ganze Expedition ruinieren? Wenn ihr nicht arbeiten wollt, dann haut doch ab! Ihr seid entlassen, jawohl, entlassen seid ihr!"

Ein verdattertes Schweigen tritt ein. Dann bricht die Hölle los; alles schreit und diskutiert durcheinander. Die „Konferenz" endet in völligem Durcheinander. Die verstörten Träger ziehen sich in ein Teehaus zurück, um die unerwartete Wendung zu besprechen, die „Mr. John", wie man ihn inzwischen nennt, verursacht hat.

Eine ebenso verwirrte und erstaunte Kajakmannschaft kriecht in ihre Zelte, um die Folgen von John Goslings Vorgehen zu besprechen. Mit einem Male sitzt die Expedition, hundertfünfzig Meilen von Katmandu entfernt, ohne Träger.

Gosling beruhigt seine Kameraden: „Die kommen schon wieder!"

Die Minuten vergehen, aber allmählich wird auch ihm ungemütlich.

„Bist du deiner Sache sicher?" fragte John Liddell.

„Klar bin ich das", zischt Gosling, späht dabei aber verstohlen zum Zelteingang, um zu sehen, ob sich die Träger bereits auf den Weg nach Katmandu machen. Ob er diesmal zu weit gegangen ist?

Mehr als eine Stunde ist seit der Besprechung vergangen. Dann erscheint Santabier.

„Die Träger haben gesagt, sie wollen lieber weiterarbeiten."

„Gut", antwortet Liddell gnädig. „Paß nur auf, daß das nicht noch einmal passiert!"

Kaum ist Santabier außer Hörweite, platzen wir vor Lachen. Goslings Bluff hat funktioniert. Wir sind ganz erleichtert. Aber es ist schon später Vormittag, und eigentlich hatten wir einen vollen Tag auf dem Wasser eingeplant.

Leo beginnt sich um die Filmausrüstung zu kümmern. Rob und Dave basteln an der kleinen Kamera herum, um ihr einen besseren Halt auf dem Kajakbug zu geben. Die wasserdichte Hülle ist von Harry Horton speziell für die Expedition entworfen und gebaut worden. Die Konstruktion hat allerdings einen Fehler – sie ist nicht fest genug, um die Kamera ruhig zu halten. Deswegen müssen wir noch eine ganze Menge Klebeband verarbeiten, um Boot und Kamera zu einer festen Einheit zu verbinden. Ein auf diese Weise geschossener Film ist atemberaubend, denn er vermittelt dem Zuschauer einen Eindruck aus erster Hand, der die Stromschnellen und Wasserfälle so erlebt wie der Kanute selbst.

Als wir am Vortag ankamen, hingen die Wolken so niedrig, daß wir von der Großartigkeit der uns umgebenden Landschaft nur wenig merkten. Inzwischen hat sich der Himmel aufgeklärt, und wir entdecken, daß wir von einem Kranz majestätischer schneebedeckter Gipfel umgeben sind. Die Sonne zeichnet jeden Kamm nach; jede Krone und jede Schlucht ist in voller Schärfe zu sehen. Schatten und Schneefelder heben sich vom tiefblauen Himmel ab.

John Gosling nimmt sich inzwischen die Träger vor. Er organisiert die Lasten, die sie zu unserem nächsten Nachtlager tragen müssen und läßt sie dabei die Folgen ihres früheren Benehmens spüren. Sie können es überhaupt nicht begreifen, warum sie erst siebzehn Tage über Stock und Stein, über all die quer zum Everestpfad laufenden Flüsse, zwölf Kajaks viertausend Meter hoch schleppen müssen, ohne daß alle Boote benutzt werden. Statt dessen müssen sie einige davon wieder talab schleppen.

Schließlich ist es soweit, und wir gehen hinunter zum Fluß, der sich seicht und unregelmäßig um Riffe und Steinblöcke herumwindet. Roger Huyton, John Liddell und John Gosling bleiben zur Unterstützung am Ufer, Rob und Dave gehen zu Wasser. Wegen der mangelnden Tiefe und der starken Verblockung sind die Kaskaden und Zungen nur gerade eben breit genug, um die Boote hindurchzulassen. Die Strömung ist gnadenlos. Wenn sie ein eingeklemmtes Kajak von der Breitseite her packen würde, dann würde es wie ein Streichholz mittendurch knicken. Obwohl sie doppelt vernäht und an allen kritischen Punkten kevlarverstärkt sind, werden die Boote von den teilweise unter Wasser liegenden Felsen stark mitgenommen. Schon zeigen sich in den Rümpfen die ersten Risse.

Nach einem Kilometer dreht Rob bei und paddelt auf die Seite. Das Wasser ist stellenweise so flach, daß er kaum richtig steuern kann: das Paddel wird ihm aus der Hand geschlagen oder gerissen, wenn es an einen Stein stößt oder zwischen Felsen eingeklemmt wird.

Dave kommt längsseits; beide Kanuten ruhen sich im seitlichen Stau des Kehrwassers einen Moment aus. Ihre Brust hebt und senkt sich heftig, als sie versuchen, genug Luft in die sauerstoffhungrigen Lungen zu pumpen. Unter diesen Höhenbedingungen, wo die Luft so sauerstoffarm und das Wasser so kalt ist, zu paddeln, kostet viel Kraft und zapft die letzten Reserven an. Sie waren kaum fünfzehn Minuten auf dem Wasser und fühlen sich wie ausgepumpt.

Inzwischen arbeitet sich das Kamerateam stromabwärts. Dave und Rob warten, bis Leo signalisiert, daß alles vorbereitet ist. Die beiden Kanuten legen ab und werden abwärts getragen, den Felsen ausweichend und den Weg durch die Kaskaden suchend. Alle paar Minuten müssen sie stoppen und sich vergewissern, wo sie sind und wie es weitergeht. Nach zwei Stunden haben sie knapp fünf Kilometer geschafft; der Fluß wird breiter und tiefer. Stellenweise sind es zwölf Meter von Ufer zu Ufer – schon eine erhebliche Veränderung seit dem Beginn der Fahrt in Pheriche, wo der Wildbach keine sechs Meter breit war. Die Flußtiefe ist außerordentlich unterschiedlich, an manchen Stellen bis zu drei, ja, vier Metern. Das Bett ist unregelmäßig und voller Steinblöcke – man muß das Boot von Ufer zu Ufer drehen und wenden, um nicht zu kentern.

Wenn ein Kanute in seinem Boot sitzt, sind seine Beine nach vorne rechtwinklig abgespreizt, sein Kopf befindet sich gerade über dem Wasserspiegel, und sein Gesicht ist dauernd den sprühenden Wassertropfen ausgesetzt. Sein Blickwinkel ist sehr klein, dennoch muß er versuchen, zu erkennen, was vor ihm liegt, wenn er mit fünfzig Stundenkilometern flußabwärts saust, muß sich entscheiden, welche Passage er sich sucht und schätzen, wie steil ein Abfall, wie tief das Wasser an den seichteren Stellen des Flusses ist, wo er aus einem Gegenstrom ausbrechen oder zum Ufer gelangen kann, um sich einen Augenblick auszuruhen. Hier muß er sich im Bruchteil einer Sekunde entscheiden können – genaues Timing ist wichtig. All das ist in so großer Höhe besonders schwierig, weil der Sauerstoffmangel auch die Denkfähigkeit beeinträchtigt. Der Kanute kann über die großen Felsblöcke nicht hinwegsehen, er muß mit wirbelndem Paddel um sie herumschwingen und hoffen, daß nichts Gefährliches vor ihm auftaucht. Während er bergab getragen wird, muß er das Gleichgewicht wahren, das Kajak in aufrechter Position halten, es in die gewünschte Richtung steuern, damit er nicht herumgewirbelt wird und die Orientierung verliert. Eine einzige Eskimo-Rolle in unruhigem Wasser ist hier ungeheuer anstrengend, ist doch das Atmen schon mühsam genug, wenn man den Kopf oben hat. Einige Sekunden im eisigen Wasser unterzutauchen, ohne zwischendurch einmal Atem schöpfen zu können, ist

Stromabwärts hat sich das Kamerateam aufgebaut und filmt Dave, der sich durch das felsige, seichte Flußbett kämpft

127

äußerst unangenehm. Zwei Eskimo-Rollen hintereinander sind höchst gefährlich. Vor allem aber darf ein Kanute in einem so felsigen Flußbett nicht Schildkröte spielen und sich kopfunter den Boden entlangziehen lassen. Die Kunst des Paddelns liegt in der Fähigkeit, erst das Wasser zu „lesen" und dann das Boot so zu steuern, daß es im Gleichgewicht bleibt, in das ruhigste Fahrwasser kommt und die Strecke möglichst wenig Hindernisse hat – aber die Entscheidung muß in Bruchteilen von Sekunden getroffen werden. Neunzig Prozent der Arbeit bestehen darin, die Strecke vorauszuplanen. Hierbei spielt John Gosling eine wichtige Rolle, indem er die gefährlichen Stellen schon im voraus vom Ufer her überschaut.

Der Dudh Kosi bietet uns in schneller Folge eine Unzahl von Problemen: Walzen, Brecher, Prallwasser, Katarakte, stehende Wellen, steile enge Schluchten und Felsklötze, Felsklötze, Felsklötze überall! Dauernd spritzt Wasser über uns – wir können kaum sehen und kaum atmen, ein Gefühl wie in einer Waschtrommel.

Ruhiges Wasser scheint es überhaupt nicht zu geben: Abfälle und Schnellen in dichter Folge, dazwischen Turbulenzen. Um aus einer Walze herauszukommen, muß man oft an ihr entlangpaddeln bis zu einem Punkt, wo sie bricht. Auf den meisten Flüssen folgt dann eine kleine ruhige Zunge bis zur nächsten Walze. Hier aber ist es so, daß man zwar wie gewöhnlich an der Walze in Richtung Ufer gleitet, das Wasser sich aber plötzlich rückwärts überschlägt und damit eine neue Gischtwelle bildet. Kaum hat man sich dort hindurchgekämpft, gerät man in eine Reihe von Wirbeln hinter schroffen Felsblöcken, die fast den ganzen Fluß versperren. Die Durchfahrt zwischen ihnen ist oft so schmal, daß das Boot zwischen den Seiten hin und her scheppert, und wenn es aus der Enge herausschießt, wird es gleich von der Strömung gepackt und gedreht, und man blickt in die verkehrte Richtung.

Im Laufe des Tages gewinnen Dave und Rob jedoch mehr und mehr Sicherheit und gewöhnen sich an die Geschwindigkeit des Wassers; zügig paddeln sie in kurzen Strecken den Fluß herunter und wechseln sich in der Führung immer wieder ab. Gesicht und Hände sind vom eiskalten Wasser dauernd naß, ihre Arme von der Arbeit in dieser extremen Höhe schwer wie Blei. Der Sauerstoffmangel macht ihnen zu schaffen, und so müssen sie wieder und wieder ausschwenken und zum Ufer paddeln, wo immer sich eine geeignete Stelle bietet. Aber diese Oasen ruhigen Wassers am Ufer kommen viel zu selten vor, so selten, daß die Kanuten weit länger durchhalten müssen als sie wollen. Wenn sie endlich ein Kehrwasser erreicht haben, sitzen sie einfach keuchend da, das Wasser tropft von ihnen herab, ihre Brust hebt und senkt sich heftig, wenn sie nach Luft schnappen. Einer von der Hilfstruppe am Ufer springt herbei, um ihre Kajaks festzuhalten, während sie stoßweise ein- und ausatmen, und John Gosling kommt angerannt, um ihnen zu sagen, wie es flußabwärts aussieht.

John Gosling als „Pfadfinder" am Ufer übertrifft sich selbst. Er prüft die vorausliegenden Stromschnellen und schätzt sie ein, dann läuft er zurück und ruft Rob und Dave seine Anweisungen zu: „Hier rechts vorbei am Felsen! Den da – links liegen lassen! Paß auf, da gibt's einen überhängenden Baum! An der Stelle da vorn kommt eine Walze!" Die Kanuten prägen sich alles ein.

Plötzlich ist es passiert. Dave kentert, und kieloben treibt das Kajak schnell vorwärts. Die erste Rolle mißlingt. Wir sehen, daß sein Paddel zu einem zweiten Versuch zum Vorschein kommt. Aber: die Strecke ist flach, keinen Meter tief, und voller Unterwasserfelsen, die Dave mit seinem Kopf streift. Nur sein Sturzhelm bewahrt ihn vor gefährlichen Verletzungen. Sein Paddel stößt an einen Felsen und wird ihm beinah aus der Hand gedreht. Seine Lungen platzen fast, da befreit er sich von seinem Boot, steigt aus und beginnt zu schwimmen.

John Gosling rast am rechten Ufer entlang und versucht mit Dave, der schnell abwärtsgerissen wird, Schritt zu halten. Er springt von Stein zu Stein, manchmal zu kurz, landet dann auf Händen und Füßen, springt weiter und sucht verzweifelt nach einer Engstelle, die es ihm erlaubt, Dave zu erreichen. Auch Rob ist inzwischen am Ufer. Er hat sein Boot an Land gezogen und bemüht sich nun auf der linken Flußseite, Dave zu erreichen, der jedoch schneller davongetrieben wird, als seine Retter folgen können.

Dave ist in Lebensgefahr. Der Fluß ist zu flach zum Schwimmen und zu tief zum Stehen. Dave wird umhergeschleudert und gegen Felsen geworfen – der reißende Strom dreht und wendet ihn wie ein Stück Treibholz.

Da – ein Hoffnungsschimmer! Dave wird in einen Wirbel gespült, und Rob Hastings, seine eigene Sicherheit vergessend, springt in das tosende Wasser und watet in den Stromzug. Er streckt seine Arme nach Dave aus – nur ein paar Zentimeter fehlen noch, da wird der Verunglückte erneut vom Wasser gepackt, und weiter geht die Todesfahrt den Fluß hinab.

Vom Ufer sehen wir, wie Dave um sein Leben kämpft. Wir müssen zuschauen, wie es ihn über Felsstürze hinwegspült, in Walzen herumwirbelt, an ruhigen Stauarmen und an Wirbeln vorbeireißt. Ihm scheint nicht mehr zu helfen zu sein. Zerschlagen und geschunden, ein Spielball des brodelnden Wassers, hat er es aufgegeben, zu schwimmen. Er wendet seine letzte Kraft auf, um Luft zu kriegen, ehe er wieder unter Wasser gedrückt wird.

Aber das Glück läßt ihn nicht im Stich. Hundert Meter unterhalb der Stelle, an der er gekentert ist, drückt es ihn erneut in einen Wirbel hinein, und jetzt gelingt es Rob, ihn bei der Schwimmweste zu packen und ans Ufer zu ziehen. Dave zittert und bebt am ganzen Körper. Sein Gesicht ist totenblaß von der Kälte, seine Lippen sind blau vom Sauerstoffmangel. Leo kommt mit einem trockenen Pullover, Rob hilft Dave hinein, der außerstande ist, etwas zu sagen, nur schnaufen kann und spuckt, als er die Lungen wieder mit Luft vollsaugt. Dave ist im Schock; sein ganzer Körper ist zerschlagen und zerschrammt. Er braucht zwanzig Minuten, bis er zu sich kommt. Dann zwingt er seine widerwilligen und schmerzenden Gliedmaßen zur Bewegung, damit er ins Lager gebracht werden kann.

Als wir danach weiter flußab gehen, merken wir erst, was für ein Glück Dave noch gehabt hat. Das Flußbett wird immer steiler, und bei den dort sich häufenden massiven Wasserfällen und Engstellen wäre ein Schwimmer nicht lebend durchgekommen.

Inzwischen haben John Gosling und Rob Hastings das verlorene Kajak entdeckt. Vorsichtshalber hatten wir alle Boote mit Auftriebskörpern gefüllt. Das hat Daves Kajak möglicherweise davor bewahrt, zu Bruch zu gehen. Es wird von einem Felsblock festgehalten. Rob watet hinüber und holt es, in der Hoffnung, es noch reparieren zu können. Aber die Nähte sind auf beiden Seiten von vorn bis hinten aufgeplatzt, und im Deck klafft ein riesengroßes Loch. Wir müssen es abschreiben und schenken es später den Trägern, die es schließlich beim Kloster von Tengpoche lassen, wo es nun als Hühnerstall mit eigenem architektonischem Reiz dient.

Unser erster Tag auf dem Wasser hat uns wirklich die Augen geöffnet. Alle sind von der Geschwindigkeit des

Wassers vollkommen überrascht. Dave steht noch ganz unter dem Schock seines Unfalls, und mit einem Male werden wir uns bewußt, wie gefährlich der Fluß sein kann. Wir gehen früh zu Bett und fragen uns, was für Überraschungen uns noch bevorstehen.

Am folgenden Morgen zieht ein dichter Nebel durch das Dudh-Kosi-Tal, und wir verschieben unseren Start. Und dann – ganz plötzlich – rollt der Nebel davon, der Himmel reißt auf, und Nuptse, Lhotse und Everest stehen in königlicher Schönheit am Kopfende des Tals vor unseren Augen.

Den Everest vor Augen, setzt die Mannschaft ihre Boote ins Wasser. Es sind Rob und Roger, denen sich John Liddell zugesellt. Er fühlt sich sehr schwach, weil er noch unter den Nachwirkungen eines bösen Ruhranfalls leidet. Kaum hat er die Schürze an der Luke befestigt, hat ihn die Strömung schon gepackt und reißt ihn aus dem Kehrwasser. Die Geschwindigkeit trifft ihn völlig unvorbereitet. Er verliert die Kontrolle, verschwindet rückwärts über die Kante eines Wasserfalles hinweg und gerät in Brecher und Walzen. Wie durch ein Wunder taucht er unangefochten unterhalb der Passage wieder auf und wartet in einem Kehrwasser, daß die anderen ebenfalls herunterkommen.

Rob Hastings ist in Hochform. Zuversichtlich führt er die Mannschaft über eine Gefällestrecke, die höchste Anforderungen an die Kanuten stellt. Geschickt gleiten sie zwischen den Felsen hindurch, um die gefährlichsten Stellen tunlichst zu vermeiden.

Da! Jetzt ist Rob in Schwierigkeiten! Einen Augenblick nur hat er die Kontrolle über sein Kajak verloren, und schon schwingt der Bug aus und rammt einen Unterwasserfelsen. In Sekunden treibt Rob querab zur Strömung, und der Wasserdruck auf dem Deck bringt das Boot zum Kentern, wobei es an ein Riff gedrückt wird. Man hört ein

Splittern, und ganz langsam löst sich das Kajak vom Felsriff. Rob rollt sich wieder in aufrechte Position und versucht zum Ufer zu paddeln, ehe das schwer beschädigte Boot sinkt. Er weiß, er hat nur Sekunden Zeit, wenn er nicht mitten im Fluß baden gehen will. John Gosling greift nach dem sich nähernden Boot und zieht es an Land. Das Hinterdeck hat einen Querriß – das Boot ist nichts mehr wert. Wenn es nicht gerissen wäre – daran besteht kaum ein Zweifel –, dann wäre Rob in seinem gekenterten Kajak an den Felsen genagelt worden und in dem wirbelnden Wasser kaum zu retten gewesen.

Verfroren, naß und müde trifft sich die Mannschaft zum Mittagessen. Ein Ersatzboot wird herbeigeschafft. Während wir darauf warten, ziehen wir uns aus und legen uns ein wenig in die warme Nachmittagssonne.

John Liddell sieht krank aus. In sich zusammengesunken liegt er bei den Kajaks. Selbst unter günstigsten Umständen ist die Ruhr eine Krankheit, die an den Kräften zehrt. Während des Vormittags mußte er immer wieder eine Pause machen, um sich zu erleichtern. Da er entschlossen war, seine Rolle bei der Expedition zu spielen, hat er sich gezwungen, an der Abfahrt teilzunehmen. Jetzt merkt er, daß es nicht mehr geht. Dave Manby, der seinen Schock vom Vortag inzwischen überwunden hat, übernimmt seinen Platz.

Der Nachmittag vergeht nur langsam. Als wir bei der Brücke von Pangpoche oberhalb des Tengpoche-Klosters ankommen, ist es nach drei Uhr. Hier werden die Wassermassen des Flusses durch eine schmale Spalte gepreßt. Dadurch ist er sechs Meter tief und nur knapp einen Meter breit, und das Wasser rast sprudelnd und kochend durch diesen Spalt. Hier hindurch zu wollen – das wäre Selbstmord! Wir beschließen daher, die Stromschnellen bis zu einer Stelle, die sechs Meter oberhalb der Brücke liegt, zu durchfahren. Wir überprüfen die zu dieser Stelle führende Strecke gründlich. Buchten und Kehrwasser werden sorgfältig notiert. Es ist lebenswichtig, die Boote früh genug vor dem Wasserfall anzuhalten. Ein Auffangtrupp wird dorthin beordert, um die Boote zu greifen, die das rechtzeitige Ausscheren ins letzte Kehrwasser verpaßt haben.

Rob fährt als erster. Seine TV-Kamera ist auf dem Vorderdeck befestigt. Es kommen nur zwei Kehrwasser in Frage; eines verpaßt er knapp, das zweite erwischt er gerade eben noch.

Roger Huyton hat weniger Glück. Er kentert bei einer Wassertiefe von dreißig Zentimeter, scheuert mit seinem Sturzhelm das Flußbett entlang und muß sein Kajak schleunigst verlassen.

Er ist einen guten Meter vom Ufer entfernt, paddelt kräftig gegen den Strom, erwischt einen Felsen, den er packt, und zieht sich ans Ufer. Das Boot wird abwärts gerissen, verschwindet unter der Brücke und verklemmt sich unrettbar in einer engen Spalte.

Die Filmausrüstung wird abgebaut, die Kajaks werden getrocknet, und die Mannschaft zieht sich in ein *chang*-Haus zurück, um auf das Abendessen zu warten.

Ein Engländer erscheint im Türrahmen, groß, hager, athletisch. Er kommt gerade vom Basislager.

„He, Leute, habt ihr was mit den Verrückten zu tun, die da oben auf dem Gletscher sind?"

„Wieso Verrückte?" fragt John Liddell.

„Na, und was für Verrückte! Rennen da in fünftausend Meter Höhe mit Kajaks auf dem Gletscher rum!"

Liddell beruhigt den Besucher und schließt mit den Worten: „Sie können unmöglich verrückt sein, einer von ihnen ist Arzt!"

Unser Freund ist nicht überzeugt. Er eilt weiter nach Namche. Jedenfalls wissen wir jetzt, daß Mick Hopkinson und Mike Jones auf dem Gletscher sind.

Freitag, den 17. September.

Wieder ist Rob die Hauptstütze der Mannschaft. Er macht Richtung und Weg aus, führt durch die Schnellen und trifft die notwendigen Entscheidungen, wann die Boote aus dem Wasser zu nehmen und zu tragen sind, wo Wasserfälle und Engstellen eine Durchfahrt verbieten. Es ist ein enttäuschender Tag, denn viele Stellen sind unbezwingbar, so daß Rob die Abwärtsfahrt immer wieder anhalten muß, so ungern er das tut. Die Arbeit ist schwer und ermüdend, und wir kommen nur langsam voran. Mit hängendem Kopf verlassen wir schließlich den Fluß und klettern zum Tengpoche-Kloster hinauf.

Auf dem Weg dorthin begegnen wir einem alten, runzligen Mann. Er spricht uns auf Englisch an und stellt sich vor. Dann lädt er uns alle in sein kleines verräuchertes Haus ein und holt einen riesengroßen Topf *chang* hervor. Kurz darauf sitzen wir mit gefüllten Gläsern um Dawa, den Alten, und hören ihm zu. Er ist ein bemerkenswerter Mensch. Einst arbeitete er als Sherpa bei den frühen Aufklärungsexpeditionen von Hugh Ruttledge 1933 und Eric Shipton 1935. Er hat auch an der ersten erfolgreichen Everest-Expedition von John Hunt teilgenommen. Erinnerungsstücke und alte vergilbte Fotografien werden herumgereicht. Er hat unsere Kunststücke auf dem Fluß beobachtet und versichert uns, daß die Besteigung des Everest bei weitem sicherer sei als den Dudh Kosi im Kajak hinabzufahren.

Von *chang* benebelt, danken wir unserem Gastgeber und wandern hinauf zum Kloster und zu unseren Zelten, die auf einer kleinen Wiese stehen. Unterhalb von Tengpoche verschwindet der Fluß in einer steilen, engen, unzugänglichen Schlucht, und am folgenden Morgen holen wir die Bergsteigerausrüstung hervor, damit Rob und Leo die dichtbewachsenen Steilufer in die Schlucht hinabsteigen und den Flußlauf inspizieren können. Rob hat seine Paddelausrüstung an. Ein Boot liegt bereit, das sie notfalls die sechzig Meter über die abfallende Felswand hinablassen können. Er klinkt sich ein und beginnt vorsichtig, über die Kante zu klettern und sich abzuseilen. Leo bringt sogleich die Filmkamera in Anschlag, und seine Aufnahmen zeigen später, mit wieviel Geschick John Gosling Leine gibt, während Rob hinabsteigt. Wie gut, daß Rob nichts davon ahnt, daß John noch nie in seinem Leben ein Bergseil gesehen, geschweige denn angefaßt hat – seine Technik stammt einzig und allein von Bildern, die er in Chris Boningtons Buch gesehen hat. Vielleicht hätte Rob es sich sonst anders überlegt, ehe er sich Gosling sechzig Meter über dem Fluß anvertraut hätte.

Rob untersucht die Schlucht einige Minuten lang, ehe er seine Entscheidung trifft. Dreißig Meter hohe Wasserfälle und Engstellen zwischen den Felsen – das ist zuviel für uns. Nach einigem Zögern beschließt er, daß wir die Boote um die gesamte Schlucht herum tragen. Er hängt sich wieder ans Seil und arbeitet sich mühevoll nach oben. Da er mit den Haken nicht zurechtkommt, an die er nicht gewöhnt ist, fabriziert er einen furchtbaren Wirrwarr, kommt aber schließlich doch wieder bei Gosling an, wenn auch mit hochrotem Gesicht und sichtlich erschöpft. Die Seile werden wieder aufgerollt und die Kajaks gepackt. Wir wollen sie nach Namche tragen, wo es wieder auf den Fluß gehen soll.

Unser Pfad oberhalb der Schlucht ist gewunden, die Gegend sieht einsam und wenig einladend aus. Große Steinblöcke liegen wie natürliche Brücken über der Schlucht, fünfzehn Meter hoch. Wir übernachten in Namche, und früh am folgenden Morgen gehen wir nach unten zum Zusammenfluß des Dudh Kosi mit dem Bhote Kosi. Die Schatten im Tal sind noch lang und kühl, und wir warten, bis die Sonne aufgeht.

Den Kajaks sieht man allmählich an, was sie mitgemacht haben – sie schauen böse aus. Rob Hastings, praktisch wie immer, macht sich sogleich daran, jeden Rumpf zu inspizieren. Risse und Löcher repariert er mit Plastikband. Wir haben zwar einen gut ausgestatteten Reparaturkasten für Fiberglas, stellen aber fest, daß Klebeband, das auf ein trockenes Boot geklebt wird, es genauso tut und zudem schneller und einfacher in der Anwendung ist.

Auch die Paddel sehen mitgenommen aus, und Rob untersucht Schäfte und Blätter mit großer Sorgfalt. Sein Paddel auf dem Dudh Kosi zu zerbrechen, das ist für einen Kanuten ungefähr so schlimm wie für einen Bergsteiger der Verlust seines Eispickels auf der Everest-Spitze.

Auch andere Ausrüstungsgegenstände weisen allmählich Abnutzungserscheinungen auf. Einige Neoprenschürzen haben Risse und Löcher bekommen, so daß wir es uns inzwischen angewöhnt haben, immer zwei davon übereinander zu tragen, um das Kajak wasserdicht zu machen.

Während Rob arbeitet, untersucht John Liddell den Fluß. Das Gefälle läßt allmählich nach, und der Fluß wird tiefer, breiter und den Gewässern ähnlicher, auf denen wir in Österreich und der Schweiz trainiert haben. Aber vor uns liegt noch ein großer Wasserfall! Wohl ist es noch möglich, eine Dreimeterstufe zu durchfahren, aber darüber hinaus wird es lebensgefährlich. Es kommt allerdings selten vor, daß sich ein solcher Abfall wirklich quer über die ganze Breite des Flusses erstreckt. Meist gibt es irgendwo eine sanfter abfallende Stelle, von der aus man hinunterschießen kann. John macht sich daran, dies festzustellen. Der Fall ist übergroß, Schwierigkeitsgrad 6. Er befindet sich unterhalb der Brücke, die Dudh Kosi und Bhote Kosi überspannt, und besteht aus einer Reihe sich überschlagender Wellen und Walzen. Leo baut sich unterhalb der Stufen auf und freut sich auf das bevorstehende Abenteuer. John, Rob Hastings und Dave Manby gehen oberhalb zu Wasser.

Leo ist sicher genauso verdattert wie alle anderen, als erst Rob, dann Dave und schließlich John – einer nach dem anderen – auftauchen und den Wasserfall herabsausen, – rücklings!

„Ich weiß ja, ihr seid Slalomkanuten und an Vorwärts- und Rückwärtsfahren in Stromschnellen gewöhnt, aber ehrlich, diesmal dachte ich, als ihr da alle rückwärts ankamt, ihr seid durchgedreht!" sagt Leo anschließend.

Was hat sich abgespielt? Alle drei sind in einem riesigen

Dave paddelt zielstrebig auf das einsame Kehrwasser zu,
um eine kurze Ruhepause einzulegen

Wasserwirbel gelandet, alle drei sind von ihm wieder ausgespuckt worden – leider rückwärts. Und ehe sie sich's versahen, waren sie schon den Fall hinab, noch bevor sie versuchen konnten, die Nase in Fahrtrichtung zu drehen.

Ein einsames Kehrwasser zehn Meter weiter abwärts bietet Schutz und alle drei Kanuten paddeln darauf zu.

Der Fluß ist ein würdiger und gnadenloser Gegner. Ein einziger unkonzentrierter Augenblick, eine geringfügige Ungeschicklichkeit birgt das Risiko einer harten Strafe. Die allmächtige, vorwärtsdrängende, unheilschwangere, vor allem aber kapriziöse Dame Dudh Kosi ist eine Göttin, mit der man nicht scherzen darf. Für eine Überraschung ist sie stets gut. Wieder einmal sind die Körper der Kanuten wund und geschunden, die Boote beschädigt, ein Beweis für die Übermacht des Flusses. Und wieder einmal hat die Mannschaft Glück gehabt.

Noch schwieriger als die Bootsführung scheint die Menschenführung zu sein! Erneut muß John Liddell sich mit den Trägern herumzanken. Zwei Stunden dauert die mühsame Verhandlung. „Sie geben nie auf", stöhnt John. Aber – siehe da – schließlich tun sie's doch.

Am nächsten Morgen richten wir uns auf dem Fluß ein wenig ein, indem wir das Lager nach Phakding verlegen, von dort stromauf- und stromabwärts arbeiten und uns dann auch einmal die Boote zur Reparatur etwas gründlicher vornehmen. Nachmittags verbringen wir drei Stunden auf dem Wasser. Wir suchen uns auf dem oberen Flußabschnitt eine kurze Gefällstrecke vom Höchstpunkt des Vortages bis drei Kilometer oberhalb des Lagers. Es ist ein Tag ohne Aufregungen. Wir finden, daß wir den Fluß endlich „im Griff" haben. Mit dem optimistischen Gefühl, daß unsere Expedition glückt, legen wir uns abends schlafen.
(Ende des Tagebuchberichts der Hauptmannschaft)

Mann über Bord!

Mick Hopkinson, Mick Reynolds, Eric Jones und ich verlassen Namche um sechs Uhr in der Früh. Unseren Höhenrekord haben wir in der Tasche. Einer nach dem anderen stolpern wir durch den Frühnebel den steilen Abhang hinab zum Dudh Kosi. Der Fluß führt noch immer Hochwasser. Er rast und donnert über Felsblöcke. Wie es wohl inzwischen den anderen ergangen ist? Wenn die Lage überhaupt anders ist als auf unserem Hinweg, dann mit Sicherheit gefährlicher, denn inzwischen zeigen sich mehr und mehr Klippen, die drohend aus dem Wasser ragen.

Meine Freunde eilen voran und lassen mich halbblindes Huhn hinterherlaufen. So suche ich mir meinen Weg am Fluß entlang. Bei einem Dörfchen neben einem rauschenden Bergbach mache ich halt und nehme mir einen Moment Zeit für eine Vesperpause. Einsam dasitzend nehme ich die Atmosphäre der nepalesischen Landschaft in mich auf – Licht, Luft, Gerüche und Geräusche.

Dann gehe ich etwas schneller weiter und habe mich gegen neun Uhr vormittags schließlich bis zum Lager von Phakding vorgearbeitet.

Freudig werde ich von allen begrüßt. Leo hat schon eine Batterie Kameras aufgefahren, und John Gosling ist dabei, für die Neuankömmlinge Frühstück zu machen. Irgend jemand drückt mir einen Spiegel in die Hand, und ich blicke ungläubig auf mein Konterfei – das schwache Abbild meines Gesichtes, wie ich es kenne: aufgesprungene blutende Lippen und geschwollene blutunterlaufene Augen – eher das Gesicht eines Schwergewichtboxers.

140

Zwei Wochen sind wir getrennt gewesen, und so gibt es allerlei zu erzählen. Wir erfahren von Daves fast tragisch verlaufenem Unfall, Rogers knapper Rettung bei der Brücke von Pangpoche. Man erzählt uns, wie John Gosling Rob, dessen Boot mittendurch gebrochen war, gerettet hat. Es ist ein gutes Gefühl, endlich wieder beisammen zu sein. Ich sitze auf der niedrigen Mauer gegenüber der Teestube, schlürfe aus meiner Tasse und unterhalte mich mit John Liddell über die Probleme, die er mit den Trägern gehabt hat. Ein Haufen schwatzender Kinder steht erwartungsvoll in unserer Nähe und hofft auf die unvermeidlichen Wasserabenteuer.

Ich sehe die Boote in einer Ecke des Lagers und gehe hinüber, um sie zu begutachten. Den wilden Gewässern sind reichlich viele Kajaks zum Opfer gefallen. Nachdem sowohl Rob wie auch Dave einige abschreiben mußten, sind es nur noch acht. Ein paar von ihnen sehen arg mitgenommen aus und müssen dringend in Ordnung gebracht werden. Zu Beginn unserer Reise haben wir schon in Österreich sechs Kajaks eingebüßt. Da das Wildwasser hier viel risikoreicher ist, können wir uns also nicht beklagen – es hätte viel schlimmer kommen können. Hauptsache, uns bleiben genug Boote für den Rest unserer Expedition. Größere Verluste waren von vornherein einkalkuliert, und noch befinden wir uns im Rahmen unserer Planung. Trotzdem überlege ich, ob ich nach Jubing hinunterschicken soll, um die zwei dort noch eingelagerten Reserveboote herzubekommen.

Aber es gibt noch größere Probleme zu regeln. Wir haben viel mehr Geld gebraucht, als wir vorherberechnet hatten, und da die nächste Bank in Katmandu liegt, stellt sich die Frage, wie wir die Träger bezahlen wollen. John Liddell hat die Situation schon eine Woche zuvor kommen sehen und John Gosling deshalb vor drei Tagen mit einem Brief zum Landeplatz von Lughla geschickt, um über das frühestmögliche Flugzeug Mike Cheney zu erreichen. Cheney soll unser Konto mit tausend Pfund belasten und diese Summe in kleinen Banknoten herschicken, damit unsere Leute entlohnt werden können. So wie die Sache aussieht, wird in den nächsten zwei Wochen jedoch keine Maschine in Lughla landen, denn der starke Monsunregen hat wahrscheinlich die Piste überschwemmt. Was kann man noch tun? Wir beschließen, einen Läufer in Marsch zu setzen, um uns aus dieser unmöglichen Lage zu befreien.

Ein hagerer Jüngling meldet sich freiwillig. Er schwört uns hoch und heilig, die Strecke wie seine Westentasche zu kennen und die hundertfünfzig Kilometer nach Katmandu hin und her im Eiltempo zurückzulegen. Der Weg ist weit und mühsam – selbst wenn man alle Abkürzungen kennt –, und ein großer Teil davon geht über felsiges, unebenes Gelände. Der eine oder andere Läufer hat uns auf dem Hermarsch überholt. So wissen wir, daß sie nicht die ganze Zeit laufen, aber eine überdurchschnittliche Gehgeschwindigkeit haben. Sie sind sehr gelenkig; ihre Fußknöchel sind stark ausgebildet, und so bewegen sie sich auf steilem Gelände bergauf und bergab, fast ohne eine Pause einzulegen. Oft sieht man sie von Grasbüschel zu Grasbüschel springen, wenn der Boden sehr uneben ist, wobei sie selten stolpern.

Wir haben noch viel zu paddeln. Der bisher erreichte Punkt liegt ein paar Kilometer oberhalb unseres Lagerplatzes in Phakding. Gegen zehn Uhr sind wir soweit, daß wir flußaufwärts marschieren wollen, um uns wieder in die Boote zu setzen. Die Boote sind schon unterwegs, und Leo rennt in der Gegend umher, um ein paar Träger zu veranlassen, seine Kameraausrüstung zu befördern. Im letzten Moment – alles ist nun endlich marschbereit – beschließen die Träger, daß es Zeit für eine Teepause ist. Sie setzen sich nieder und machen sich daran, den Kessel aufzusetzen. Leo explodiert. Fauchend stampft er durch das Lager wie ein wildgewordener Stier. Aber es hilft nichts – die Träger schlürfen ihren Tee mit der gewohnten Ruhe, und dann erst erheben sie sich und erklären sich bereit, ihre Lasten aufzunehmen.

Ich fühle mich körperlich und geistig erschöpft. Meine Augen sind noch nicht wieder in Ordnung, aber obwohl ich nur wie durch einen Schleier sehen kann, halte ich es für richtiger, mich zusammenzureißen und aufs Wasser zu gehen. Es ist ein heißer Marsch neben Roger Huyton, der mir berichtet, wie sehr alles an Rob gehangen hat. Ohne ihn hätten sie nur wenig geschafft, da Roger und John Liddell tagelang unter Ruhranfällen gelitten haben und auch Dave sich nach seinem unfreiwilligen Bad nicht gesund gefühlt habe.

Wir finden die Kajaks neben einem riesigen Katarakt. Mick Hopkinson und Rob sollen den Wasserfall durchfahren, während ich mich weiter unten aufbaue, um die beiden zu filmen.

Es ist eine wilde und schroffe Stelle, wo die ganze Wassermasse des Dudh Kosi durch eine kaum drei Meter breite Spalte gepreßt wird. Das Gefälle beginnt mit zwei dicht aufeinanderfolgenden Walzen. Dann geht es sechs Meter steil abwärts und hinein in die nächste Walze. Das dürfte schwierig werden!

Zunächst erscheint Mick. Obwohl er so lange ausgesetzt hat, wirkt er schnell und genau, wie er mit den oberen Walzen fertig wird. Fast schiebt es ihn zu weit vor, aber mit einer geschickten Bewegung des Paddels bringt er sein Kajak genau in der Mitte des Stromzuges hinab. Ein unterstützender Schlag mit dem Paddel, als er auf die untere

Walze trifft, die ihn einen Augenblick festhält. Dann zieht er kraftvoll in ein Stauwasser am rechten Ufer. So wie er es macht, sieht es ganz einfach aus.

Rob Hastings hat nicht so viel Glück. Die eine Walze oberhalb wirft ihn ungefähr in die gleiche Richtung wie Mick. Verzweifelt streckt er sein Paddel seitlich aus, um das Boot in die Mitte des Stromzuges zu traversieren, aber er kentert. Ich nehme die Kamera herunter und sehe entsetzt, wie er in Richtung Felsen gerissen wird. Erstaunlicherweise gelingt ihm eine erste Rolle, aber dann schwimmt sein Boot rückwärts, rammt nach wenigen Sekunden einen großen Felsblock und kentert noch einmal. Ich überlege gerade, ob es ihm wohl gelingen wird, sich mit einer weiteren Rolle aufzurichten, wenn er stromab gerissen wird, da kommt er schon mit einer perfekten Eskimo-Rolle hoch und paddelt, scheinbar gelassen, zum selben Kehrwasser wie Mick. Eine wirklich gute Abfahrt, und zwei hervorragende Rettungsmanöver.

Jetzt bin ich an der Reihe. Ich gebe die Kamera ab und schlendere langsam stromauf zu meinem Boot, das ich vorsichtig in das brodelnde Wasser schiebe. Es ist schwer, in die Luke zu kommen, denn der Fluß ist wie ein kochender Kessel – seine Oberfläche steigt und fällt fortwährend. Ein Träger hilft mir, und schließlich sitze ich fest verankert im Kajak. Gewohnheitsgemäß überprüfe ich den Sitz der Schürze, der Schwimmweste und des Sturzhelms. Ich schöpfe zwei Hände voll Wasser und lasse es mir übers Gesicht laufen. Man kann machen, was man will – wenn man vor einer Abfahrt mit Grad 6 steht, dann schießt einem das Adrenalin durch den Körper, ehe es losgeht. Ich lenke den Bug in die Strömung und nehme Kurs auf Mick und Rob. Wieder einmal trügt die Geschwindigkeit, und kaum schiebe ich die Nase des Kajaks in die Strömung, wird das

Von einer Walze umgeworfen kommt Rob wieder mit einer perfekten Eskimorolle hoch und paddelt ans Ufer

145

Boot von ihr gepackt und gedreht. Eine Welle donnert mir auf den Kopf, und sofort setzen heftige Kopfschmerzen ein. Es ist eiskalt, und bis ich den Uferwirbel erreiche, sind meine Hände wie abgestorben. Ich ziehe das Boot hinter einen Felsen, hüpfe auf und nieder und hauche in meine Hände, um den Blutkreislauf in den Fingern wieder in Gang zu setzen.

Nun versucht John Liddell, sein Boot ins Wasser zu setzen. Schon im Lager ist mir aufgefallen, daß er immer schlechter aussieht, und jetzt wird es ihm schwer, das Kajak überhaupt zum Ufer zu bringen. Santabier merkt, was los ist, klettert das Ufer hinab und hilft ihm ins Boot. John hat viel Gewicht verloren und ist sehr schwach. Er versucht, halb gegen den Strom quer zu mir herüberzutraversieren, aber schon packt die Strömung ihn und reißt ihn stromab. Er bewegt sich auf einige böse aussehende Walzen zu, es scheint ihm an Kraft zu fehlen, das Kajak in sicheres Wasser zu lenken. John Gosling handelt, ohne lange zu zögern. Er rast das Ufer entlang, springt im letzten Moment hinzu und packt die Bugschlinge gerade noch rechtzeitig, ehe das Kajak den Wasserfall hinuntergerissen wird. John ist bleich und erschöpft, als er aus dem Boot klettert und am Ufer bleibt, um zuzuschauen. Er ist furchtbar enttäuscht.

Mick Hopkinson und Rob Hastings haben von dem Drama nichts bemerkt. Sie sind weitergefahren und sitzen inzwischen hundert Meter weiter in einem Wirbel unter einer Brücke voller lachender, sich drängender Zuschauer.

Ich lege wieder ab, gerate in den Hauptstrom und versuche das Boot auszubalancieren. Wellen, Walzen und Gischt versuchen, mich daran zu hindern. Es bedarf meiner ganzen Konzentration, um den Weg mitten durch die Hindernisse zu finden. Ich bin noch nicht ganz auf dem Damm, und meine Augen sind immer noch nicht in Ord-

Gespannt verfolgen die Zuschauer auf der Brücke unsere Manöver

nung. Gerade zwei Bootslängen voraus kann ich noch sehen, dahinter verschwimmt alles.

Zwanzig Meter von Micks und Robs Kehrwasser entfernt gerate ich in eine riesige, eineinhalb Meter hohe Walze, die die ganze Flußbreite einnimmt. Das Kajak sitzt breitseits an der Walze. Meistens läuft sie in die eine oder andere Richtung ab, obwohl sie fast einen rechten Winkel zum Flußlauf bildet. Der einzige Ausgang liegt rechts, und so kämpfe ich mich, auf und nieder reitend, die Wasserwand entlang. Es scheint eine Ewigkeit, obwohl es nur eine Minute dauert, bis ich am Ende herauskomme. Ich sitze im Stauwirbel des Kehrwassers und versuche Atem zu holen, ehe ich zu Mick und Rob hinübergleite.

Was Rob bei seiner Abfahrt erlebte, läßt einem noch mehr die Haare zu Berge stehen. Er berichtet es abends, auf Tonband: „Von der Sekunde an, wo ich die Walze traf, wußte ich nicht mehr, wie mir geschah. Ich rollte und rollte ohne Unterbrechung und hatte total die Orientierung verloren. Beim vierten- oder fünftenmal wurde ich herausgespült und war außer Gefahr."

Leo hatte auf der Höhe der Walze gestanden und den gefährlichen Augenblick gefilmt.

„Rob war mindestens zwei Minuten lang in der Wassermühle des Sogs!"

Walzen sind fürchterlich, wenn man nicht an sie gewöhnt ist. Um sich aus ihnen zu befreien, braucht man kaltes Blut, einen guten Gleichgewichtssinn und ein schnelles Urteil, wo es am ehesten entlanggeht. Wenn man längere Zeit in einer Walze hängt, braucht man ungeheure Energie. Man muß ja praktisch gegen die Wasserkraft anpaddeln und enorme Kraft anwenden, während man gleichzeitig auf- und niedergerüttelt wird.

Wenn das Kajak mit dem Bug in die Walze hineinsticht – vorausgesetzt, sie ist nicht höher als einen halben Meter –, trägt der Schwung es mitten hindurch. Ist sie aber höher, dann bringt sie das Boot unmittelbar zum Stillstand. Die hintere Welle drückt gegen das Heck und hebt es an, und das Boot springt senkrecht in die Höhe. Dann fällt es meist so zurück, daß es seitlich an die Walze gedrückt wird.

Wir lassen das Kamera-Team zurück und fahren weiter stromab. Das Wildwasser trägt uns mit fünfzig Stundenkilometer hinab. Die Einheimischen laufen am Ufer hinter uns her; die Kinder jubeln, wenn wir durch gefährliche Strecken geschossen kommen.

Gegen Mittag erreichen wir den bisher größten Wasserfall. Wir ziehen zum rechten Ufer hinüber und untersuchen ihn genau. Er ist fünf Meter hoch, bildet einen Winkel von achtzig Grad und fällt steil hinab in eine gewaltige Walze. Wir stehen da und schauen ins donnernde, strudelnde

Wasser hinab. In dieser Walze hängenzubleiben, wäre lebensgefährlich – zwei Granitklötze blockieren ihre Ausgänge! Auf dem Weg nach oben hatten wir nur flüchtig hingeschaut. Aus fünfzehn Meter Höhe sieht die Stelle nicht so aufregend aus, aber jetzt, vom Wasserspiegel her betrachtet, erkennen wir das große Problem. Mick Hopkinson schätzt die Lage ab und entschließt sich, die Abfahrt zu wagen, während ich mich hinsetze und zuschaue. Er beschließt, genau auf der Mitte zu paddeln, wo ein kleiner Felsen die Walze unterbricht und einen Durchlauf offenhält. Mit angehaltenem Atem schauen wir zu, wie er sich aufbaut, sich zum Felsen wendet und dann, wie in Zeitlupe, die obere Lippe des Wasserfalls erreicht. Das Boot kippt und rast fast senkrecht mit dem Wasser nach unten hinein in die Walze. Diese zwingt das Kajak zu einem zitternden Halt. Mick setzt seine ganze Kraft ein und paddelt an der Walze entlang zum linken Flußufer hin. Das war eine gute Leistung! Wir atmen erleichtert auf.

Ich bilde die Nachhut, als es weiter flußab geht. Mick und Rob wechseln sich in der Führung ab.

Mick Hopkinson hat einen guten Blick dafür, ob etwas geht oder nicht, und welcher Weg der einfachste ist, obwohl er ohne seine Brille fast blind ist. Wenn er findet, daß eine Schnelle schiffbar ist, dann fackelt er nicht lange und übernimmt die Führung. Führen, das heißt allein sein – denn wer vorn ist, hat flußabwärts niemand, der ihn rettet, falls etwas schiefgeht.

Bis zwei Uhr nachmittags haben wir keine sechs Kilometer geschafft: Wasserfall folgt auf Wasserfall. Auf dieser Strecke kamen wir keine Sekunde zum Ausruhen. Leo steht am Ufer. Wir paddeln zu ihm hin und machen in einer geschützten Bucht Pause. Pancho erscheint mit einer großen Thermosflasche Suppe und einigen Traubenzuckerriegeln.

Die Suppe wärmt mich wieder auf. Ich schlürfe sie aus meinen Händen, damit das Gefühl in die verfrorenen, blutleeren Finger zurückkehrt. Bei dem Traubenzucker rieche ich sofort wieder das Fiberglasaroma und werfe ihn einem der herüberstarrenden Kinder zu. Sechs Stunden ununterbrochene Arbeit liegen hinter uns. Wie müde wir sind!

Leo möchte uns zusammen aufnehmen, wenn wir durch die nächste Schnelle dahinschießen. Seine Ausrüstung steht hoch über der Gefällestrecke auf einem Felsen. Dieser Katarakt ist sehr lang. Schaut man abwärts, fällt der Blick auf hundert Meter ununterbrochenes Wildwasser mit ständigen Walzen und einigen explodierenden Wellen. Danach macht der Fluß eine Biegung von neunzig Grad nach rechts und verschwindet in einer Kurve. Es sieht mir ziemlich unangenehm aus, und ich überlege gerade, ob wir die Weiterfahrt nicht lieber auf den folgenden Tag verschieben sollen. Plötzlich entsteht ein großes Durcheinander, und einer brüllt: „Mick! Er schwimmt im Wasser!"

Hastig drehe ich mich um und sehe Micks orangefarbene Schwimmweste, die ihn mit Mühe an der Oberfläche hält, während er verzweifelt versucht, schwimmend das Ufer zu erreichen. Sein Kajak? Die Paddel? Weit und breit ist nichts zu sehen. Ich bin verblüfft. Mick ist ganz allein. Wo zum Teufel ist Rob? Ich wende den Blick – da sitzt er auf einem Felsen; er hat sein Boot verlassen. Ich schreie nach Roger. Er soll mein Kajak halten, damit ich schnell einsteigen kann. Mick treibt vor sich hin, seine Arme greifen in die Luft und schlagen um sich. Ist man erst aus dem Boot heraus, dann ist mit Schwimmen auch nicht viel zu machen, denn die Wellen schlagen einem über dem Kopf zusammen, und ihre Walzen ziehen einen hinunter.

Will man einen Schwimmer aus einer großen Stromschnelle retten, ist exakte Kontrolle über das Boot ent-

*Verzweifelt versucht Mick, die Heckleine meines Kajaks zu
fassen — immer wieder reißt ihn die Strömung weg*

scheidend. Zeit, eine Passage zu suchen, ist nicht vorhanden. Wo immer der Schwimmer entlangtreibt – man muß dort-hin.

Ich zwinge mein Boot über die Strömung hinweg zu der Stelle, wo Mick umherrudert, und sehe plötzlich rotes Fiberglas – das Deck von Micks gesunkenem Boot, das stromab gerissen wird. In Sekunden bin ich bei Mick. Er ist völlig ausgepumpt. Ich drehe das Kajak, damit er die Heck-leine packen kann. Er hat sie mit einer Hand erwischt, als wir in eine gewaltige Walze hineinfallen. Der Bootsrumpf kreischt auf. Ist es Micks Kopf? Ist es ein Felsen? Ich bin mir nicht sicher und schaue herum. Wo ist er? Die Heck-leine hat er schon wieder verloren. Da – zehn Meter links von mir treibt er im Fluß. Er hat es aufgegeben zu schwimmen. Es reißt ihn in der Mitte des Stromzuges weiter und weiter, und der Sog zieht ihn immer wieder nach unten. Wieder verliere ich ihn – und nun gerate ich selbst in Schwierigkeiten, weil ich aus der Mitte auf die Seite der Fahrrinne in immer schwerere Walzen hineingedrückt werde, die ich nur mit Mühe durchbreche.

Mick wird fürchterlich hin und her geworfen, während er über Felsen gespült und in Walzen hineingezogen wird. Wieder macht er ein paar schwache Schwimmstöße, aber er ist zu erschöpft, und ich weiß, wir haben nur noch wenig Zeit, ihn zu retten, weil bei dieser Höhe und Temperatur das Überleben eine Sache von Minuten ist.

Meine Lage wird immer gefährlicher. Ich werde auf einen großen Steinklotz zu gedrückt, auf den sich die ganze Kraft der Strömung zu werfen scheint. Prallwasser! Das kann eine tödliche Falle sein: an den Fels gequetscht, von der Strö-mung festgehalten ... Verzweifelt suche ich nach einem Ausweg. Im Bruchteil einer Sekunde entdecke ich plötzlich eine kleine Zunge, einen Meter breit, rechts neben dem Felsen.

Ich reiße meine letzten Kräfte zusammen, paddle rückwärts, schwenke das Boot herum und schieße, mit nur ein paar Zentimeter Zwischenraum zum Riff, hinab. Das Boot kommt unterhalb des Felsens zur Ruhe, und ich schnappe nach Luft. Meine Kehle ist ganz trocken. In diesen Sekunden bilde ich mir ein, daß Mick unterhalb des Wassers durch den Felsen festgehalten wird – aber wie durch ein Wunder taucht er wieder auf! Mit letzter Kraft schieße ich quer über den Strom zu ihm hin. Er ist fast bewußtlos. „Schwimm, du Idiot, schwimm!" brüllte ich verzweifelt, aber das Getöse des Wassers erstickt jeden Laut.

Mit einemmal sind wir in einer kleinen Schlucht. Ich bekomme Angst. Vom Aufstieg her erinnere ich mich, daß keine zweihundert Meter weiter ein großer Abfall kommt. Da, Mick hat wieder die Heckleine am Wickel! Hastig versuche ich uns quer über den Fluß zum rechten Ufer hin zu manövrieren. Bei dem Gewicht eine fast unmögliche Aufgabe.

Der Wasserfall! Nur noch zwanzig Meter! Dann geht es fünf Meter steil abwärts – eine allerletzte Chance also nur noch! Noch ein Versuch, das Paddel links hebelartig ins Wasser zu drücken. Das Boot – es reagiert! Es bricht weg von der Strömung. „Schwimm! Du bist sonst dran!" schreie ich. Aber Mick kann nicht mehr. Er klammert sich nur noch an die Leine. Ich reite das Boot wie ein Verrückter in den rettenden Wirbel, schmeiße das Paddel ins seichte Wasser, greife nach einem überhängenden Ast, und das Boot läuft knirschend auf die Uferfelsen. Mick läßt los. Benommen und im Schock kriecht er halb aus dem Wasser und bricht zusammen. Vier Träger springen hinzu, mitten durch das Unterholz, und ziehen ihn an Land.

Ich kann mich nicht mehr länger festhalten und werde schon wieder ein Stück stromab gerissen. Genau eine

Bootslänge vor dem Wasserfall erwische ich das Ufer, so daß ich mein Kajak an Land bringen und durch das dichte Gestrüpp zurück zu Mick krabbeln kann, um den sich inzwischen eine Gruppe von Trägern versammelt hat. Er ist weiß wie ein Handtuch. Sein Atem geht kurz, gurgelnd und stoßweise. Wir reißen ihm die eisigen Kleidungsstücke vom Leib und ziehen ihm warmes Zeug an. Er ist ganz durcheinander. Sein Körper ist verschrammt und verletzt von den zahlreichen Steinen und Felsen, gegen die er geschmettert worden ist. Dave kommt angerannt, Rob klettert aufgeregt vom Ufer hoch. Nun, Mick ist gerettet – aber was hat er mitgemacht! Unsere Erleichterung ist unbeschreiblich groß, denn Mick hat in Todesgefahr geschwebt.

Wir vergewissern uns, daß man sich gut um ihn kümmert und überlassen ihn der Obhut von Dave Manby und den Trägern. Rob und ich klettern wieder zum Fluß hinab. Wir fahren noch ein Stück weiter – so risikolos wie irgend möglich, damit sich Micks Schicksal nicht noch einmal wiederholt.

Trotz alledem und bei aller Vorsicht – mit einemmal erwischt es mein Kajak. Senkrecht fast wird es gegen einen schmalen, felsverblockten Wasserfall gedrückt. Rob handelt schnell. Er springt aus seinem Boot und zieht das eingeklemmte Boot heraus, ehe es auseinanderbricht.

Um drei Uhr sind wir in Phakding. Mick ist noch Mittelpunkt der allgemeinen Aufmerksamkeit und sieht nach wie vor sehr erschöpft aus. Er hat Glück, noch am Leben zu sein.

Wir ziehen uns um und setzen uns auf einen flachen Felsen am Fluß, um Tee zu trinken und etwas Sonnenwärme zu tanken. Es wimmelt von Fliegen, herbeigelockt vom Gestank verdorbener Lebensmittel und menschlicher Exkremente hinter dem Teehaus.

Der Unfall hat uns zutiefst schockiert. Ich erinnere mich plötzlich wieder an die Warnung von Chris Bonington, den Dudh Kosi lieber nicht zu befahren. In meinen zehn Jahren Kajaksport habe ich nie zuvor erlebt, daß ein Mensch dem Tod so von der Schippe hüpfte wie Mick, der extreme Höhe und Kälte in einem so bösartigen Wasser überlebt hat. Er muß, so schätzen wir, mindestens fünf Minuten lang im Wasser getrieben und in dieser Zeit einen Kilometer zurückgelegt haben.

Drüben am Teehaus wird es plötzlich lebendig. Santabier kommt zu uns herüber. „Ein Träger hat das Boot gesehen!" Es liegt ein kleines Stück flußaufwärts, festgehalten von einem Felsblock. Obwohl er schon den ganzen Tag auf dem Wasser verbracht hat, meldet sich Rob freiwillig, um mit Leo zurückzulaufen und einmal nachzuschauen.

Zehn Minuten oberhalb von uns finden sie das Boot wieder. Es liegt mit der Breitseite zum Fluß, drei Meter vom Ufer entfernt. Da schon so viele Boote beschädigt oder kaputt sind, scheint es uns wichtig, es zu bergen und als Reserve zu verwenden. Da Rob kaum noch trockenes Zeug besitzt, entkleidet er sich so weit es geht. Nur mit kurzer Hose und Anorak bekleidet, nimmt er eine Sicherheitsleine von Leo, der sie hält, und wirft sich oberhalb des Kajaks in die eiskalten rasenden Fluten. Er schwimmt auf das Boot zu. Da – fast sieht es so aus, als ob er es verpaßt! Aber nein – zwei kräftige, gut gezielte Schwimmstöße, und schon hat er die Heckleine gepackt. Das Wasser hat das Kajak festgeklemmt. Es ist schwer, es zu bewegen. Mit einem gewaltigen Ruck zieht Rob es dann aber weg, und beide – Mann wie Boot – werden mittels der Sicherheitsleine an Land gehievt. Das Boot ist an den Nähten auseinandergebrochen, aber man kann es noch reparieren. Zwei Träger müssen es zum Lager bringen. Rob, vor Kälte zitternd, verschwindet in seinem Zelt und kriecht zum Auftauen in den Schlafsack.

An diesem Tag essen wir früh zu Abend. Wir sind genauso müde wie hungrig, stürzen uns auf das Essen und verdrücken große Mengen Reis und *dahl.*

Später erzählt uns Mick, wie er den Unfall erlebte.

„Es war am Ende eines langen Tages; das klassische Beispiel von Müdigkeit, Unachtsamkeit und zu großem Selbstvertrauen. Ich war gerade dabei, auf einer mittelschweren Stromschwelle hinter Rob herzufahren und machte plötzlich den simplen Fehler, zu langsam zu reagieren. Rob schoß in eine Walze und kenterte. Anstatt von dieser Stelle wegzumanövrieren, schoß ich in die gleiche Walze hinein und kenterte ebenfalls. Meine Rolle kam viel zu spät, und ich wurde breitseits gegen einen Felsen getrieben. Ich lehnte mich gegen die Strömung und kenterte noch mal. Das Wasser drückte mich mit Gewalt auf das hintere Bootsdeck, und da hing ich nun, ohne die Schürze öffnen und das Kanu verlassen zu können.

Ich versuchte immer wieder, mich zu befreien; es kam mir vor wie eine Ewigkeit, und schließlich gab ich in jeder Beziehung auf. In diesem Moment löste sich das Boot aus seiner Position, und es gelang mir, mich herauszukämpfen. Ich sah das Boot vor mir, griff danach und hielt mich fest, aber nicht lange; dann wurde ich schon stromabwärts gerissen. Schwimmen kann man dazu wohl kaum sagen – es war eher ein Dahintreiben. Ich kam an allen vorbei, die am Ufer standen. Dann kam Mike Jones herangeschossen. Ich griff nach seinem Boot und schöpfte kurz Luft, nach ein paar Sekunden riß es mich wieder weg.

Ich wurde um die Kurve gespült, hinein in die

Schlucht, und dort, wo sich das Prallwasser am Ufer hochstaut, geriet ich erneut unter Wasser, was wieder eine Ewigkeit zu dauern schien. Ich kämpfte mich nach oben, tauchte auf und sah Mike wieder zum Vorschein kommen. Er schrie mir noch immer zu, ich solle schwimmen, aber das konnte ich überhaupt nicht mehr. Ich wurde einfach nur noch durchs Flußbett geschleift. Schließlich zog er mich zum rechten Ufer hin, ich packte einen großen Stein und klammerte mich einfach fest. Wenn er nicht sofort aus seinem Boot herausgekommen wäre, um mir seine Hand zu reichen, ich wäre wieder weggerissen worden. Ich glaube, so nah am Ertrinken war ich noch nie . . .‟

Um neun Uhr abends zu Bett – und mit Cat Stevens auf der Kassette falle ich sofort in einen tiefen Schlaf.

Die Schnellen hinab

Hell und klar lacht uns der nächste Morgen ins Gesicht. Endlich hat es einmal nachts nicht geregnet. Der Himmel zeigt ein makelloses Blau. Die Anstrengungen des vergangenen Tages stecken mir noch in den Knochen. Lange Märsche sind für die Armmuskeln kein ausreichendes Training. Mick wirkt noch ganz zerknittert und gerupft. Bei seinem unfreiwilligen Bad ist er gegen so viele Steine geschlagen, daß er noch völlig steif und voller Schmerzen ist. Aber er ist entschlossen, weiterzumachen, und während das Frühstück vorbereitet wird, beginnt er schon mit der Ausrüstung eines der Reserveboote. Allmählich werden brauchbare Boote knapp bei uns. Mick nimmt Teppichband, um ein paar Risse in Rumpf und Deck abzudichten.

Auf schwerem Wasser muß man sehr fest und bequem sitzen und dazu vor allem die Fußstütze genau einstellen. Mick fummelt ein Weilchen damit herum, dann ist er zufrieden und beendet die Arbeit, indem er mit dem Filzschreiber „Mick Hopkinson MK II" aufs Heck pinselt.

Es ärgert ihn, seine Prijon-Paddel verloren zu haben, und er schaut sich den Ersatz an.

Zum Frühstücken nehmen wir uns Zeit und planen in aller Ruhe unser Tagesprogramm. Leo will unbedingt die ganze Mannschaft filmen, wenn sie die Strecke hinabschießt, die Mick am Vortag schwimmend zurückgelegt hat. Also tragen wir die Boote nach einigem Hin- und Herreden wieder nach oben und beginnen von vorne.

Ich erkläre mich bereit, die Bootskamera zu übernehmen und befestige sie auf dem Bug. Leo lädt sie, und ich erprobe den Auslösemechanismus, der von einem kleinen Gehäuse aus gesteuert wird. Es ist sehr wichtig, wo man dies unterbringt, denn der Film ist höchstens eine Minute lang, man darf ihn also erst im allerletzten Moment einschalten – eine gefährliche Sache für unterwegs. Es heißt also das Gehäuse so anbringen, daß man es erreichen kann, ohne allzulange das Paddel allein zu lassen.

Um halb neun sind wir am Start. Die Sonne schiebt sich gerade über das Dudh-Kosi-Tal und läßt das schäumende Wasser glitzern und glänzen. Endlich hat auch Leo seine Kamera aufgestellt, und es kann losgehen. Für mich ist es das erste Mal mit einer aufmontierten Kamera, und ich merke sehr schnell, wie sehr sie meine Manövrierfähigkeit beeinträchtigt. Wir schieben uns an eine geschützte Stelle und schaukeln auf und nieder in Erwartung des Startsignals. Leo winkt, und wir schieben uns in die Strömung.

Ich lasse mein Paddel einen Moment fallen, schalte die

Filmkamera ein und lege mich mächtig ins Zeug. Ich gehe in Führung und versuche, links an den großen Walzen, die uns vom Vortag her in unangenehmer Erinnerung sind, vorbeizukommen.

Es ist alles ganz anders als gestern. Ich brauche mich diesmal nur auf meine eigene Fahrt zu konzentrieren. Mein Bug liegt schlecht, und ich frage mich, ob der Film den Aufwand lohnt. Wir waren so in Hetze, als wir von England losfuhren, daß wir gar keine Gelegenheit hatten, diese Art von Filmerei auszuprobieren.

Ich schiebe mich nach links, um einem Felsblock auszuweichen, und falle in eine große Walze. Ich lege meine ganze Kraft in das rechte Blatt, mit dem ich in die Walzenwand hineinsteche, um mich durchzuzwingen. Mein Bug springt in einer verrückten Kurve nach oben. Ich fluche wild, als ich Bruchteile von Sekunden fast senkrecht stehe, dann aber krache ich wieder nach unten, glücklicherweise außer Reichweite der Walze.

Nun ziehe ich hart nach rechts hinüber, um Micks gestriger Schwimmstrecke zu folgen, fest entschlossen, mit der Kamera auf dem Bug weiteren Walzen tunlichst auszuweichen. Und so suche ich mir meinen Weg durch eine Serie schäumender Brecher. Nach zweihundert Metern wird die Geschwindigkeit der Stromschnellen ein wenig geringer, und ich lenke das Kajak in denselben schützenden Wirbel, wo Mick gestern an Land gekommen ist. Mick legt sich bei mir längsseits, er ist froh, diesmal aufrecht und in einem Stück durchgekommen zu sein. Dicht hinter ihm folgt Dave. Roger Huyton kentert zehn Meter oberhalb und wird an uns vorbeigerissen, als ihm die erste Rolle mißlingt. Der zweite Versuch glückt, und er findet eine Bootslänge weiter unten eine schützende Stelle. John Liddell und Rob Hastings erreichen das Kehrwasser gleichzeitig, und ihre

Boote krachen zusammen, als sie ins Flache paddeln.

„He, was macht die Kamera?" ruft Roger.

„Ein Glück, daß es kein Tonfilm ist", sage ich, „denn wenn das zu hören ist, was ich vor mich hin geflucht habe, streicht man mich von der Liste der Mediziner. Mit dem Ding da vorne drauf ist das blöde Kajak überhaupt nicht mehr zu halten!"

Wir ziehen die Boote an Land und überlassen sie den Trägern, denn wir haben keine Lust, die letzte Strecke, die Rob und ich am Vortag befahren haben, auch noch zu wiederholen.

Im Lager wärmen wir uns mit heißem Tee auf und schauen Roger und Rob beim Reparieren der Boote zu. Die Naht von Rogers Kajak, also die Stelle, wo Rumpf und Deck aneinander befestigt sind, ist hinter dem Einstieg einen Meter lang aufgerissen. Sorgfältig keilt er die beiden Hälften auseinander, damit sie trocknen, dann verbindet er sie wieder mit großen Streifen Plastik-Selbstklebeband.

Leo flitzt in der Gegend umher, holt den Film aus der Bootskamera und überprüft die Befestigung des Apparates auf dem Bug. Schließlich ist alles zu neuen Taten bereit.

Eine große Menschenmenge hat sich inzwischen auf der Brücke versammelt, und die Sonne sengt von einem wolkenlosen Himmel herab.

Wir lassen die Boote zu Wasser, steigen ein und machen uns fertig. Gleich soll das Startsignal von Mick Reynolds kommen. Aber eine der Filmkameras scheint nicht richtig zu arbeiten, und ein Träger muß erst zu den Zelten rennen, um ein wichtiges Teil zu holen.

Das Signal! Ein rotes Taschentuch flattert in der Brise. Ich schere aus, hinein in die Strömung. Noch steht die Kamera fest auf dem Vorderdeck. Das Summen des Motors ist nicht zu hören, als ich in den Stromzug gerate. Ein Stück

Klebeband reißt sich los – Leo hatte es noch schnell ange-
bracht, um die Kamera etwas besser zu befestigen. Es tanzt
vor der Linse auf und nieder. Das Boot hüpft wie wild geworden über ein paar Wellen, langsamer hinauf, schneller
hinunter. Auf meiner rechten Seite kommt eine große
Woge herangerauscht und bricht über mir zusammen. Ich
merke, wie das Boot untertaucht, und versuche noch schnell
durchzuatmen, ehe es im Eiswasser endgültig kentert. Es ist
ein angsterregendes Erlebnis, wenn man, ohne die Kontrolle
über sein Boot zu haben, mit fünfzig Stundenkilometern
davongerissen wird: das Donnern ist nicht mehr zu hören,
man sieht nur trübes, sich drehendes Wasser in der verrückten auf den Kopf gestellten Welt des gekenterten Kanuten. Fast mechanisch setzt man die Paddel, dreht sich und
hebelt das Kajak aufrecht. Kaum bin ich wieder mit dem
Kopf über Wasser, muß ich mich für die nächste Passage
entscheiden.

An diesem Vormittag kommen wir nur langsam voran.
Jede Stromschnelle wird erst mal sorgfältig untersucht, um
nicht mehr zu riskieren als unbedingt nötig ist. Nach Micks
Erlebnis vom Vortag wissen wir, was es bedeutet, in einem
solchen Wildwasser schwimmen zu müssen. Mick hat in-
dessen sein inneres Gleichgewicht wiedergefunden und
macht in seinem „Mick Hopkinson MK II" – eine gute
Figur. Er fährt – zum Teil in Führung gehend – einige böse
Stromschnellen sicher hinab.

Ein Uhr. Wir kommen an eine interessante Stelle. Ein
zwölf Meter langer Balken blockiert den Fluß. Dave Manby,
Roger Huyton und ich sind am linken Ufer, Rob Hastings
und Mick Hopkinson rechts. Die ganze Strömung wirft sich
auf den Baumstamm, der nur eine Lücke von einem
knappen Meter freiläßt, um ein Kajak durchzulassen – oder
nicht. Gegen den Baum gedrückt und von seinen Ästen

festgehalten zu werden, ist lebensgefährlich.

Leo hat schon wieder eine gute Position für seine Filmkameras gefunden und wartet auf einem hohen Felsvorsprung auf das bevorstehende Vergnügen. Genau in die richtige Lücke hineinzufahren, erfordert mindestens so viel Glück wie Geschick und Kraft dazu, um die kurz davor liegende Walze zu durchbrechen.

Ich treffe eine schnelle Entscheidung und lasse mein Kajak die am linken Ufer befindlichen kleinen Wirbel hinuntertreiben. Das Hindernis selbst umgehe ich und bringe das Boot dahinter erneut zu Wasser. Dave und Roger machen es genauso. Rob und Mick auf dem gegenüberliegenden Ufer können sich erst nicht entscheiden, aber auch sie beschließen am Ende, ihre Boote an dem Balken vorbeizutragen, was Leo ziemlich ärgert; denn er wartet inzwischen bereits zwei Stunden, daß etwas Aufregendes geschieht.

Während wir unterwegs sind, kümmert sich John Gosling um den Abbau unseres Lagers in Phakding, um es zwölf Kilometer weiter unterhalb bei Ghat wieder aufzuschlagen. Hier wollen wir die Nacht verbringen. Er selbst will abends hinüber nach Lughla zum Landeplatz, um einige unserer Vorräte von Karikola heraufzubekommen.

Noch sind wir drei Kilometer oberhalb von Ghat. Gegen drei Uhr erreichen wir die letzte Stromschnelle unseres Tagespensums. Diese wollen wir noch befahren, ehe wir die Boote aufs Ufer ziehen und das Nachtlager aufsuchen. Wir sind schon sehr durchgefroren und erschöpft, von acht Stunden Kajakfahrt. Aber vor uns liegen noch zwei große Wasserfälle – drei Meter hoch und etwa zehn Meter auseinander.

Mick schießt links vorbei, ich mogle mich rechts durch, und Rob macht sich daran, es in der Mitte zu versuchen.

*Leo Dickinson hängt an einem Seil über der Schlucht und filmt
die Kanuten aus einer Höhe von 70 m*

Entsetzt sehen wir zu, wie ihn schon die erste Walze oberhalb des vorderen Abfalls umschmeißt. Zum Eskimotieren ist keine Zeit mehr, kieloben wird er drei Meter abwärts gerissen. Sekunden später reißt es ihn den zweiten Wasserfall hinab. Wir können nichts tun, als sich sein Kajak aus der unteren Walze löst und knirschend gegen einen Felsen rammt. Einen Augenblick lang ergreift mich Panik – ich stelle mir vor, daß Rob aus dem Boot gerissen worden ist und im Wasser treibt. Aber da! Ein Paddel kommt zum Vorschein, und Rob richtet sein Kajak wieder auf, als sei nichts gewesen. Nur ein paar Kratzer am Helm zeigen, daß er mit dem Kopf gegen ein paar Unterwasserfelsen gestoßen ist. Rob ist mit viel Glück noch einmal davongekommen, wie er uns hinterher erzählt. Als er über den ersten Fall ging, wußte er sofort, daß ihm keine Zeit blieb, das Boot aufzurichten. Er klemmte sich im Boot fest und hielt den Atem an. Er stürzte den ersten Abfall hinab, dann den zweiten. Schließlich kann er eskimotieren. Ohne Kaltblütigkeit und Nerven wie Stahl wäre das nicht gutgegangen. Meine Bewunderung für Rob und seine Bootsführung steigt mehr und mehr.

In Ghat finden wir unsere Zelte auf einer Wiese neben dem Teehaus vor. Dort lassen wir uns nieder, schwatzen in den sinkenden Abend hinein und freuen uns an den letzten kupfernen Sonnenstrahlen, bis das Tageslicht hinter den Bergen verschwindet.

Spät in der Nacht sitze ich im Zelt und brüte über Zahlen. Wir haben kaum noch genug Boote, und die, die wir haben, sind arg mitgenommen. Man muß einiges tun, um sie wieder voll einsatzfähig zu machen. Wir haben auch gar nicht mehr viel Zeit. Es ist der 23. September, und ursprünglich hatten wir beabsichtigt, am 1. Oktober wieder zu Hause zu sein. Dort warten schon allerlei Verpflichtungen auf uns, Arbeit, Beruf, Kollegkurse und Vorlesungen. Selbst ein Optimist sieht uns nicht unter einem Monat Verspätung davonkommen. Und außerdem – wir haben gar nicht mehr genug Leute für die Boote. Die halbe Mannschaft ist wegen der einen oder anderen Sache „außer Betrieb".

Unser Hauptproblem aber ist das Geld. Unser Budget haben wir bereits um mehr als zwölftausend Mark überzogen, und dabei haben wir erst die Hälfte unserer Reise hinter uns. Ich drehe und wende die Dinge hin und her.

Was mir besondere Kopfschmerzen verursacht, ist die Frage: Wie setze ich die Ufermannschaft ein, wenn wir die Strecke von Jubing bis zum Zusammenfluß mit dem Sun Khosi befahren? Die Träger sagen nämlich, daß der Pfad in der Schlucht praktisch unpassierbar sei, weil im Winter einige Erdrutsche den Weg weggerissen haben und dieser noch nicht wieder repariert worden ist. Wenn das wirklich so ist, müssen wir in Jubing aufhören und von dort aus zu Fuß gehen. Ohne Hilfe vom Ufer her ist dieser Teil des Flusses nicht zu befahren.

Mitten in der Nacht fasse ich den Entschluß, beim Morgengrauen aufzubrechen und nach Karikola zu marschieren, wobei ich nach Möglichkeit zwei Tagesstrecken an einem Tag zurücklege. Ich will mir Weg und Fluß jenseits von Jubing einmal selbst anschauen. Die übrige Mannschaft kann inzwischen schon weiterfahren, unter Umgehung einer besonders gefährlichen Schlucht oberhalb von Jubing. Dort wollen wir uns dann in drei Tagen wieder treffen.

Beim Frühstück teile ich meiner Mannschaft die Pläne mit. Ich beobachte noch ihren Start und mache mich dann auf den Weg nach Karikola. Ich gehe so schnell ich kann und erreiche das Dorf gegen vier Uhr. Dort treffe ich auf John Gosling, der gerade von Lughla kommt, wo er sich am

Vortag erkundigt hat, ob Flugzeuge gelandet sind. Ich sage ihm, was ich vorhabe, und er kommt mit.

Den Abend verbringen wir mit ein paar jungen schwedischen Wanderern, mit denen wir gemeinsam essen und trinken, bis wir uns in der rauchigen Teehütte erschöpft schlafen legen. John weckt mich um fünf. Im blassen Morgenlicht verlassen wir Karikola und steigen nach Jubing hinab. Der Wasserstand im Fluß nimmt schon wieder schnell ab. Seit dem Hinweg, als wir die Brücke überquerten, sind es bereits zwei Meter weniger geworden. Einige scharfe Felsriffe schauen jetzt aus dem Wasser hervor.

Wir klettern die Talseite empor und suchen den Weg zum Sun Kosi vergeblich. Es ist heiß und stickig. Wir wandern durch Reisfelder und müssen ständig Blutegel von Armen und Beinen entfernen.

Schließlich – wir sind schon ganz erschöpft und zerzaust – stolpern wir auf den langgesuchten Weg. Mit dem ausgetretenen benutzten Pfad, an den wir gewöhnt sind, hat er nichts mehr zu tun. Manchmal ist er überhaupt nicht mehr zu sehen, als wir uns den Weg über Erdrutsche und durch dichtes Gebüsch bahnen.

An einer Stelle hat ein Erdrutsch nahezu fünfzig Meter des Pfades weggerissen, und wir müssen einen achtzig Grad steilen Abhang entlangbalancieren. Zwischen uns und dem Fluß dreihundert Meter zu unseren Füßen ist nicht mehr viel . . .

Selbst aus großer Höhe sieht der Fluß böse aus, und gegen Mittag sind wir soweit, daß wir beschließen, die Sache bleibenzulassen. Nie würden die Träger sich dazu bereit erklären, hier entlangzugehen.

Wir kühlen unsere schmerzenden, müden Füße in einem Bergbach im Schatten eines Felsvorsprungs.

„Es ist klar, daß wir hier keine Ufermannschaft einsetzen

können. Wir hören bei der Brücke von Jubing auf und gehen nach Katmandu zurück. Wir haben getan, was wir können!"

Wir eilen zurück nach Jubing und kommen kurz vor der Mannschaft an. Ich berichte, was wir gesehen und beschlossen haben. Immerhin haben wir ja nun sechzig Kilometer vom steilsten Gefälle der Welt bezwungen.

Die Reaktion ist wie erwartet: einerseits Enttäuschung, die restlichen siebzig Kilometer nicht auch noch zu bewältigen, andererseits Erleichterung, die Nerven nicht mehr auf weiteren Stromschnellen strapazieren zu müssen.

Bis spät in die Nacht verteilen wir die Lasten auf zwei Gruppen. Schließlich haben wir alles geschafft. Leo möchte uns aber noch einmal filmen, wenn wir unter der Brücke von Jubing durchfahren, und so halten wir uns bereit, am folgenden Vormittag die letzte Stromschnelle vor unserem Rückweg nach Katmandu zu durchfahren.

Eine schwere Entscheidung

Sonnabend, der 25. September. Dies soll unser letzter Tag auf dem Dudh Kosi sein! Der Teekessel siedet auf dem knisternden Holzfeuer, ich liege faul auf einem Felsen und wärme mich an den Strahlen der frühen Morgensonne, die allmählich in das Tal hineinkommt. Meine Gedanken gelten dem vor uns liegenden Tag.

Unser Geld nimmt rasant ab. Jeder Tag kostet über hundertsechzig Mark Lohn für die Träger. Die meisten Boote sind kaputt oder in üblem Zustand, notdürftig zusammengeflickt. Wir selbst sehen aus wie die Landstreicher, die Gesichter aufgedunsen und sonnenverbrannt, die Haut pellt sich,

Die Strapazen haben mein Gesicht gezeichnet

die Lippen sind gesprungen und voller Blasen, der Körper ist zum Teil voller eiternder Wunden. Was wir dringend brauchen, ist Ruhe und nahrhaftere Verpflegung. Die Entscheidung, abzubrechen und nach Katmandu zurückzukehren, statt die letzten siebzig Kilometer des Dudh Kosi bis zu seinem Zusammenfluß mit dem Sun Kosi auch noch herunterzupaddeln, ist sicher richtig. Außerdem habe ich mich am Vorabend entschlossen, zwei Gruppen zu bilden: eine schnelle Vorhut, um unsere Ankunft in Katmandu vorzubereiten, und eine langsamere Gruppe, die es nicht so eilig zu haben braucht.

Mick Hopkinson soll sich mit mir zusammen der ersten Gruppe anschließen, außerdem Rob Hastings, John Gosling und Pancho, unser zweiter Sirdar. In vier Tagen wollen wir die 135 km bis Katmandu schaffen – in der Hälfte der Zeit, die wir für den Herweg gebraucht haben. Während die übrige Mannschaft zusammen mit den Trägern gemächlich hinterherkommt, kann ich bereits den Vorsprung von ein paar Tagen benutzen, um nach Geld zu telegrafieren, die Berichte für die Presse einzureichen und die Flüge zu buchen. Einmal für Rob Hastings, der längst überfällig ist, weil er an einem Lehrerbildungskurs in England teilnehmen muß, zum anderen für John Liddell, der dringend Erholung braucht und überhaupt nicht in der Lage ist, die Marathon-Autofahrt nach Europa heil durchzustehen. Außerdem sind sowieso noch allerlei kleine und große Dinge zu regeln, bis unsere Abreise von Katmandu vonstatten gehen kann.

Mick Hopkinson, immer fleißig, ist schon wieder mit seinem Boot beschäftigt. Ich schlendere zu meinem hinüber und schaue mir den Rumpf an. Der enorme Wasserdruck der Stromschnellen hat ihn an mehreren Stellen aufgerissen. Zwei große Risse presse ich mit Stöckchen auseinander, denn wir haben inzwischen gemerkt, daß eine wasserfeste

Die unentbehrlichen Träger kosten uns mehr, als wir veranschlagt haben

Abdichtung erst möglich ist, wenn das Material völlig trocken ist.

Ich hole die Kamera aus meinem Zelt, während sich das Boot in der Sonne aufheizt, und kehre zu meinem felsigen Sitz zurück. Da ich technisch nicht sehr begabt bin, brauche ich zehn Minuten, einen Film einzufädeln. John Liddell bringt mir Post, die ich in Katmandu absenden soll. Er setzt sich sorgenvoll neben mich und geht einen Haufen Zahlen und Berechnungen durch. Schließlich ist er mit seiner Addition fertig, fuchtelt mit seinem Federhalter durch die Luft und stößt hervor: „Ob du's glaubst oder nicht, aber wir haben über zehntausend Mark für Träger ausgegeben, aber nur dreieinhalbtausend Mark dafür angesetzt!"

„Na und, das ist doch prima! Ich dachte, wir haben zwölftausend ausgegeben!"

Nachdem wir aber schließlich alles bezahlt haben, einschließlich Prämien und Bakschisch, sind wir doch sehr viel näher an meiner Zahl, aber das beweist nur, daß in ein Expeditionsbudget sehr viel mehr Spielraum für Unerwartetes gehört, als man zunächst denkt. Und ein kühler Kopf sowie ein verständnisvoller Bankier gehören auch dazu, wenn mal etwas schiefläuft.

Träger und Einheimische haben sich inzwischen beim Teehaus eingefunden und erwarten, daß ich die morgendliche Sprechstunde eröffne. Ich hole meine Arzttasche aus einem der großen Tragekörbe aus Weidengeflecht und richte ein provisorisches Ambulatorium „on the rocks" ein, um kleine Wunden, Geschwüre und Krankheiten zu behandeln, indem ich Tabletten ausgebe, Verbände mache und Ratschläge erteile.

„Frühstück!" hallt ein Schrei, und wir eilen zum Kochzelt. Jeder ist aufgedreht und ganz bei der Sache, weil das letzte Stück Dudh Kosi auf dem Programm steht, und so verschwenden wir nicht viel Zeit an das Essen. Um acht Uhr dreißig ist alles bereit, und die geflickten Kajaks werden zu den Stromschnellen geschickt. Die ganze Mannschaft soll diesmal aufs Wasser. Auf dem Weg dorthin entspinnt sich eine lebhafte Unterhaltung über unsere Zukunftspläne, sobald die Zivilisation uns wieder hat. Das Hauptthema ist Essen, und Steak mit Pommes frites ist das meistgewünschte Gericht.

Aber erst heißt es einmal arbeiten. Durch Unterholz und dorniges Brombeergebüsch kriechen wir zum Ufer, um den Wasserfall in Augenschein zu nehmen. Die Spannung steigt, als wir die Strecke erwartungsvoll überprüfen. Leo und Mick Reynolds flitzen hin und her, um Stative und

Filmkameras für unser Finish in Stellung zu bringen. Von unten sieht der Fall gewaltig aus. Nur eine Strecke scheint möglich, nämlich rechts am Ufer entlang, wo das Wasser drei Meter abwärts schießt, eine brodelnde Walze von beträchtlicher Größe bildet und dann um neunzig Grad abdreht, um über einen kleineren Schuß in einer weiteren Walze zu enden. Das, scheint mir, ist Grad 6! Eigentlich habe ich nicht den Wunsch, so kurz vor Schluß noch Unfälle zu riskieren, und Mick und ich überlegen uns, ob wir nicht lieber unterhalb des Falls zu Wasser gehen. Aber nachdem wir den Fall von oben angeschaut haben, weisen wir den Gedanken zurück. Ich setze mein Boot ins Wasser und steige vorsichtig ein.

Es ist ein riskantes Unternehmen. Das Kajak kracht und schrammt gegen Unterwasserfelsen, je nachdem, wie sich der Wasserspiegel hebt und senkt. Schließlich bin ich einsatzbereit, stoße mich ab und schiebe die Nase des Kajaks gegen den Strom, um mit kräftigem Paddelschlag zum gegenüberliegenden Ufer zu traversieren. Selbst nach zwei Wochen Praxis auf dem Fluß trifft mich die Geschwindigkeit des Wassers wieder völlig überraschend. Ich komme kaum voran, werde im Gegenteil in die Gefahrenzone des großen Falls gedrückt, wo der Fluß fünf Meter auf eine tiefer liegende Felsplatte hinabdonnert. Ich paddle wie verrückt und zwinge das Boot hinüber. Mit etwa dreißig Zentimeter Abstand erwische ich den seitlichen Abfall. Ich kämpfe, um mein Kajak unter Kontrolle zu bekommen, und trimme es auf Kurs, während es auf dem Abfall schneller wird. Dann stößt es in die Walze hinein und kommt ruckartig zum Stillstand, weil es mitten in der Wildwasserwand einen unsichtbaren Felsblock rammt. Ich presse mich gegen die Fußstütze; das ganze Boot zittert, als das Wasser mein Heck in den Strom hineindrückt. Einen Augenblick lang habe ich

Angst, daß ich hochspringe, weil der Bug anfängt, in die Luft zu steigen. Ich stoße das Paddel in die Welle, ziehe hart an, reite über die Walze hinweg und befinde mich außer Gefahr.

Es bleibt wenig Zeit, Luft zu holen, denn der Fluß preßt das Kajak mit seiner gesamten Kraft auf eine neun Meter lange Felswand. Ich paddle hart rückwärts und komme messerscharf an der Wand vorbei. Dabei sehe ich eine kleine Zunge, die die nächste Walze teilt und breche an dieser Stelle durch. Unterhalb des Falls drehe ich bei und schaue zu, wie die übrige Mannschaft zurechtkommt. Es ist wirklich ein schwerer Abfall. Dave Manby kentert, kommt aber elegant wieder hoch. John, Rob und Mick „segeln" fein säuberlich flußabwärts ohne Zwischenfall. Leo rast mit angeschnalltem Filmapparat am Ufer entlang und kurbelt, was das Zeug hält. Wir fühlen uns wie Filmstars, als er unsere stolzen, übermütigen Gesichter in Nahaufnahme filmt. Die Kajaks werden auf den Weg gezogen, naß tropfendes Kajak-Zeug wird zum Trocknen aufgehängt, damit es für die Rückreise nach Katmandu bald verstaut werden kann.

Insgeheim bin ich furchtbar enttäuscht, daß ich nicht den ganzen Fluß befahren werde. Leo steht allein auf der Brücke und montiert seine Kameraausrüstung ab. Ich gehe zu ihm und spreche ihn darauf an. Auch er ist enttäuscht, daß wir nicht den ganzen Fluß geschafft haben. Was ihn dabei noch mehr stört, ist das dramaturgisch schwache Ende des Films, der für unsere Mäzene, die Tausende von Mark für uns aufgewendet haben, so wichtig ist.

Wir ziehen trockene Shorts und T-shirts an, trinken Tee und essen Knäckebrot mit Orangenmarmelade, bis wir uns voneinander verabschieden und den mühevollen Aufstieg aus der Dudh-Kosi-Schlucht beginnen. Mick Hopkinson spricht aus, was ich denke, als er sagt: „Weißt du, das ist jetzt das zweite Mal, daß wir einen Fluß nur halb schaffen."

Er meint damit unsere Expedition auf dem Blauen Nil, die wir nach hundertachtzig Kilometern abbrachen, wobei wir nur halb so viel zurückgelegt hatten, wie anfänglich beabsichtigt.

Ich hasse Fehlschläge. Micks Bemerkung läßt mir keine Ruhe. Ich überlege, wie man nach unserer Rückkehr nach Katmandu den unteren Flußabschnitt doch noch herunterfahren kann.

Wir legen ein gewaltiges Tempo vor. Da wir – außer dem, was wir auf dem Leib haben, und einem Schlafsack – nichts zu tragen haben, schaffen wir zwei Etappen auf einmal. In einer Art von sportlichem Wettkampf wechseln wir uns in der Führung ab, eilen schwitzend bergauf, bergab unserem Ziel zu und sind abends in Junbesi.

Den ganzen Tag haben wir nichts gegessen. Nun verdrücken wir große Mengen Kartoffeln und – ausgerechnet – Spinat. Es schmeckt delikat, und gut gesättigt kriechen wir auf der luftigen Veranda in unsere schon ausgebreiteten Schlafsäcke und sinken in tiefen Schlaf.

Vor Sonnenaufgang, im ersten Licht der Morgendämmerung suchen wir uns unseren Weg durch das Dorf, an noch schlafenden Hunden vorbei, hin zu unserem Wanderpfad. Gegen sieben Uhr dreißig klettern wir einen über dreitausend Meter hohen Paß empor. Wir eilen vorwärts und erinnern uns eines kleinen Hauses auf dem Herweg, wo wir frischen Ziegenkäse und herrlichen sahnigen Tee bekommen haben. Aber ach, wir finden die Hütte verlassen. Die Ziegenherde tummelt sich inzwischen auf niedriger gelegenen Weidegründen, und wir müssen notgedrungen weitermarschieren, bis wir ins nächste Dorf kommen. In einem Teehaus, wo uns die Fliegen umschwirren, bestellen wir unser Frühstück.

Es ist erstaunlich, wie mit dem Ende des Monsuns die Flüsse gefallen sind. Es sind nicht mehr die kochenden, donnernden Fluten, wie ich sie vom Hermarsch kenne, sondern nur noch kleine, sich dahinschlängelnde Wässerchen mit einigen Löchern und Flachstellen.

Die Landschaft erwacht zum Leben: die Männer gehen ihrer Feldarbeit nach, die Frauen sitzen vor ihren Häusern und zerstampfen Hirse zur Herstellung von *tsampa*. Selbst die Kinder arbeiten. Sie tragen schwere Lasten von den Feldern heim und versorgen die Haustiere.

Gegen zwei Uhr ist es sengend heiß geworden. Am Ufer eines Bergbaches machen wir halt. Rob zieht sich aus und springt ins eiskalte Wasser, um den Schmutz der letzten zwei Tage abzuwaschen.

Ein spindeldürrer Halbwüchsiger kommt den Abhang hinabgerannt. Wir schauen zu, wie er geschickt von Stein zu Stein springt. Es ist der Postläufer, den wir nach Katmandu geschickt haben. Wir rufen ihn herbei. Mit Schweißperlen auf der Stirn kommt er zu uns und setzt sich hin. Dann schüttet er den Inhalt seines Postsacks aus. Da ist erst einmal das Geld für John Liddell, um die Träger auszuzahlen. Dann gibt es noch einen Haufen Briefe von Freunden und Verwandten in England. Wir vertiefen uns in die Nachrichten von zu Hause. Dann lassen wir unseren Läufer weiterziehen und beginnen den langwierigen Weg den nächsten Berg hinauf.

Drei Etappen – das ist keine schlechte Leistung. Wir schaffen sie bis zum Sonnenuntergang. Zu erschöpft fast, um zu essen, klappen wir in einem luftigen Teehaus zusammen und fallen sofort in einen tiefen, ungestörten Schlaf.

Dies ist die halbe Strecke auf unserem Weg nach Katmandu, und am folgenden Tag machen wir es wieder so, daß wir vor Sonnenaufgang aufbrechen, den ganzen Tag ununterbrochen auch bei großer Sonnenhitze durchmarschieren und auf diese Weise viel Zeit gewinnen. Um fünf Uhr dreißig überrascht uns die hereinbrechende Dunkelheit in einem tiefen Flußtal, das allen Anzeichen nach offenbar unbewohnt ist. Mit einer kleinen Taschenlampe, die fünf Personen Licht geben muß, tasten wir uns noch eine Weile durch die Dunkelheit. Schließlich stoßen wir auf eine kleine Häuseransammlung, wo wir die Möglichkeit haben, Eier und Kartoffeln einzuhandeln. Pancho bereitet daraus auf dem Herdgrill unser Abendessen.

Wir sind eigentlich viel zu müde, aber ein Weilchen unterhalten wir uns noch angeregt über Katmandu, Steaks und Pommes frites, frisches Bettzeug und eine bequeme Lagerstatt, die uns gewiß ist, wenn wir nur erst wieder in der Zivilisation sind.

Fünf Uhr morgens – wir sind schon wieder auf den Beinen und kommen auch gut voran, denn mittags sind wir schon zwölf Kilometer vor Lamosangu, dem Ort, von wo aus wir unseren Marsch zum Everest-Basislager begonnen haben. Der tägliche Autobus von Lamosangu nach Katmandu fährt um vier Uhr nachmittags, und wir sind fest entschlossen, ihn zu erreichen. Schließlich wollen wir uns noch am gleichen Abend ein Essen mit allen Schikanen und ein gutes Bett leisten.

So weit, so gut – aber fünf Kilometer vor Lamosangu stolpert John Gosling und verstaucht sich den Fuß. Es ist ziemlich schlimm, und wir können gar nichts anderes tun als ihn zu bemitleiden und ihn Panchos Obhut zu überlassen, denn den Bus müssen wir unbedingt erwischen. Weitereilend rufen wir John noch zu, wir würden nun wohl leider sein Steak aufessen müssen, wenn er es nicht schafft, spätestens um vier Uhr an der Haltestelle zu sein. Er zieht eine Grimasse und macht gute Miene zum bösen Spiel.

Als wir uns der Stadt nähern, kommen uns immer mehr Städter entgegen. Sie tragen helle, blumenverzierte Sommerkleider und leichte modische Anzüge. Sie sind unterwegs im Gebirge, um dort zum buddhistischen Neujahrsfest, das Ende September stattfindet, ihre Freunde und Verwandten zu besuchen.

Zwanzig Minuten haben wir noch Zeit, als wir in Lamosangu eintreffen. Wir quetschen uns vor einer Teestube auf eine Bank und trinken eine Flasche Cola und Limonade nach der anderen, bis schließlich der Busfahrer kommt und an Bord klettert. Wir folgen ihm und verstauen unsere Rucksäcke auf den hinteren Sitzen.

Es ist ein altes, klappriges Fahrzeug, und wir sind nicht die einzigen Passagiere. Ein Dutzend Einheimische fahren mit, eine Ziege, die im Gang angebunden wird, und ungefähr zwanzig gackernde Hennen, die in Drahtverhauen auf den Sitzen untergebracht werden.

Der Motor heult auf und jagt dunkle Qualmwolken durch den Auspuff. Es kracht: der Fahrer legt den ersten Gang ein, es geht los. Auf dem Hügel oberhalb der Stadt tauchen die leuchtendroten Rucksäcke von John Gosling und Pancho auf. Die Vorstellung, daß die Armen doch noch eine Nacht bei Reis und *dahl* und dann auf einer fliegenumschwirrten Lagerstatt verbringen müssen, erheitert uns. Wir kichern vor uns hin bei dem Gedanken, daß sie unsere Freßorgie in Katmandu verpassen.

Ratternd und beunruhigend hin und her schwankend, rasen wir am Sun Kosi entlang. Der Chauffeur läßt das massive Steuerrad durch die Hände sausen, und wenn er von einem Gang in den nächsten schaltet, heult der Motor auf.

Wir sind seit einer Stunde unterwegs. Plötzlich gibt es einen dumpfen Knall. Dann zischt es, und eine blaue

Straßenszene in Lamosangu

Qualmwolke kommt aus dem Motor herausgeschossen. Knirschend kommt das Fahrzeug zum Stillstand.

Der Fahrer springt aus seiner Kabine, öffnet die Haube und verschwindet mit der Faust voller Schraubenschlüssel unter der Motorhaube. Neugierig und verärgert schauen wir zu, wie er die Maschine stückchenweise ausbaut. Der Fahrer wirkt zusehends pessimistischer. Schließlich wirft er resignierend die Arme in die Höhe, schließt die Haube und macht sich auf die Wanderschaft. Einer der Mitfahrer gibt uns in Zeichensprache zu verstehen, daß wir uns am besten am Straßenrand zum Schlafen legen; der Bus würde sicher am darauffolgenden Tag repariert werden.

Wie sich das Blatt gewendet hat! Nun beneidet jeder von uns John Gosling, wie er vielleicht in einem *chai*-Haus in Lamosangu sitzt, sich an Reis und *dahl* stärkt und Cola trinkt, während wir nichts zu essen und zu trinken haben und keinen Ort zum Übernachten.

Plötzlich vernehmen wir ein Geräusch, dann eine laute Hupe. Ein Arbeiterbus kommt um die Ecke geschliddert. Und wer sitzt stolz auf dem Beifahrersitz? John Gosling, mit einer Handvoll Bananen, die er sich schmecken läßt.

Er grinst von einem Ohr zum anderen und lädt uns ein, bei ihm aufzusteigen, während die Fahrer sich noch einmal die kaputte Maschine unseres Busses anschauen.

„So, ihr habt wohl gedacht, ihr habt mich zurückgelassen, was? Ihr habt es so verdammt eilig gehabt, daß ihr mir nicht mal Geld dagelassen habt. Zum Glück bin ich im Dorf über einen unserer Träger gestolpert. Der hat mir erst mal das Fahrgeld geliehen."

Offensichtlich hat er unseren Bus um zehn Minuten verpaßt und war gerade dabei, sich mit einer unbequemen Nacht in Lamosangu abzufinden, als ein Arbeiterbus auftauchte, um Straßenarbeiter von oberhalb der Stadt einzusammeln. Es hat nicht viel Mühe gekostet, als Anhalter mitgenommen zu werden.

Unser Motor, wie sich inzwischen herausstellt, ist nicht mehr zu reparieren. Wir steigen um, und um zehn Uhr abends sind wir in Katmandu. Sofort winken wir uns zwei Taxis herbei und fahren zum Hotel *Asia,* wo wir uns vollstopfen und bis spät in die Nacht schwatzen.

Um sieben Uhr wache ich auf. Ich genieße den Luxus sauberen Bettzeugs und einer weichen Matratze. Aber ein Gefühl des Unbehagens beschleicht mich. Ob unsere Expedition in England als Fehlschlag angesehen werden wird, weil wir sie abgebrochen haben? Eine kühle Brise weht zum Fenster hinein, und die Sonne schielt durch die sich leise wiegende Jalousie.

Mein Kopf ist frisch und ausgeruht, und meine Gedanken sind unbelastet von den täglichen Fragen, die mich während der vergangenen Monate beschäftigt haben. Ich überlege mir eine Reihe von Ideen und komme schließlich zu einer Entscheidung. Vom Standpunkt unserer Geschichte und von dem Blickwinkel der Filmerei ist es wichtig, die Flußabfahrt wirklich zu Ende zu bringen. Es ist natürlich unmöglich, wieder als Großexpedition mit Trägern und Ufermannschaft weiterzumachen. Aber es gibt eine Alternative: Man kann sozusagen mit leichtem Gepäck reisen, als Kleinexpedition, die alles mit sich führt, was sie braucht, wobei Proviant und Schlafsäcke in den Kajaks verstaut werden müssen. Dann fährt man den Fluß hinab und übernachtet einfach am Ufer in der freien Natur, wo immer es sich gerade ergibt. Die Idee gefällt mir. Schließlich haben Mick und ich den Blauen Nil auf die gleiche Weise gemacht. Warum soll es nicht auch auf dem Dudh Kosi so gehen? Der Monsun ist nun vorbei. Der Wasserstand sinkt täglich. Ich vertraue darauf, daß wir es bei dem abnehmenden Gefälle auf dem Unterlauf in zwei bis drei Tagen schaffen müßten, die ungefähr siebzig Kilometer bis zum Zusammenfluß der beiden Ströme zu bewältigen.

Da wäre nun allerdings noch die Frage, wie man wieder zurück zum Fluß kommt. Um die Kajaks zu reparieren, sich auszuruhen und wieder in Form zu kommen, braucht man mindestens eine Woche Zeit. Eine weitere Woche benötigt man, um hinzumarschieren, und zwei Wochen für Fluß und Rückmarsch – einen ganzen Monat also, und das ist völlig undurchführbar. Ich brüte über meinem Plan, der eigentlich nur deshalb ins Wasser zu fallen droht, weil wir vor allen Dingen so viel Zeit brauchen, um zum Dudh Kosi zu gelangen. Plötzlich habe ich die Erleuchtung. Warum nicht fliegen? Der Monsun ist fast zu Ende, und damit werden Hunderte von kleinen Feldflugplätzen nach Abtrocknen der Landebahnen wieder brauchbar, die es überall in Nepal gibt. Besser noch: Warum nicht gleich Hubschrauber mieten und die Kajaks darunter befestigen? Die Sache nimmt allmählich die Dimension eines mittleren Spielfilms an. Aber der Gedanke, die Expedition richtig zu beenden, erregt mich, während ich dusche, mich anziehe und frühstücken gehe.

Unser Transit ist immer noch nicht repariert. Rob und Mick machen sich daran. Ich verbringe den Vormittag mit dem Versuch, Mike Cheney zu erwischen. Gegen ein Uhr erreiche ich ihn schließlich und fahre zu ihm. Er hört aufmerksam zu, wie ich ihm von unserer bisherigen Reise berichte und ihm meine weiteren Pläne darlege. Er ist erst einmal verblüfft, daß ich wieder zurück will, aber er ist bereit, mir zu helfen. Er holt eine Landkarte vom Dudh Kosi hervor. Wir sehen sie uns genau an. Vor allem überprüfen wir den Unterlauf. Wir könnten zum Beispiel bei dem Zusammenfluß beider Flüsse beginnen, indem wir von dort aus den Dudh Kosi hochmarschieren und die Wasserstrecke auskundschaften, ehe wir sie wieder hinabfahren. Es gibt da eine primitive Straße, ungefähr hundertundzwanzig Kilometer südlich des Zusammenflusses. Von dort aus sind es drei Tage Fußmarsch. Mein Finger folgt dem komplizierten Flußlauf bis zu einem kleinen Feldflugplatz bei Lamindamba. Und wenn wir mitsamt den Booten dorthin fliegen?

Ich schwanke zunächst noch, als ich mich von Mike Cheney verabschiede, aber nachts fasse ich den Entschluß: Wir fliegen nach Lamindamba!

Die nächsten vier Tage geht es hoch her. Am Donnerstag abend fahren Mick und Rob nach Lamosangu, um unseren „Troß" dort abzufangen, der am folgenden Tag erwartet wird. Ich renne inzwischen von Pontius zu Pilatus, um den gewünschten Flug zu bekommen. Flugzeuge sind rar in Nepal, und wenn die Regenzeit vorbei ist, sind sie meist ausgebucht, um langbenötigte Versorgungsgüter in die Gebirgsdörfer zu transportieren. Endlich gelingt es mir, für den kommenden Dienstag nachmittag eine vorläufige Buchung zu bekommen.

Inzwischen ist der Flughafen wegen der Neujahrsfeierlichkeiten geschlossen. Ich möchte natürlich mitfeiern, und so kehre ich ins Hotel zurück, wo gerade unsere übrige Mannschaft eingetroffen ist. Alle sehen müde und abgekämpft aus. Ich gebe ihnen etwas Zeit, sich zu erholen und nehme inzwischen Leo beiseite, um ihm von meinen Plänen zu erzählen. Er ist angenehm überrascht, denn nun bekommt er für seinen Film einen richtigen Schluß. Dennoch besteht er darauf, daß die gesamte Expeditionsmannschaft zusammengerufen wird, um darüber zu sprechen.

Wir treffen uns auf meinem Zimmer, und in einer gespannten Atmosphäre erläutere ich meinen Plan, zum Fluß zurückzukehren. Selbst Mick Hopkinson, der meine Gedanken eigentlich am ehesten nachempfinden müßte, zeigt sich erstaunt. Aber mein Entschluß ist gefällt, und schließlich finde ich auch die erhoffte Unterstützung. Da nur zwei Boote ins Flugzeug passen, bitte ich Mick Hopkinson, mich zu begleiten.

Das Wochenende vergeht in einem Dunstschleier von Alkohol. Die Läden sind geschlossen. Die Menschen tanzen auf den Straßen, auf dem Marktplatz werden Ziegenopfer dargebracht. Wir kosten unsere Rückkehr in die Zivilisation voll aus und machen begeistert mit, wo wir können.

Montag früh fahren wir zum Flughafen und bringen zwei reparierte Boote an die Startbahn in die Nähe unserer „Pilatus"-Maschine.

Es ist ein sechssitziges Flugzeug, nicht groß, und ich frage mich, wie wir die Kajaks dort hineinbekommen sollen. Ein Mechaniker schiebt die Seitentür auf. Viel Platz ist im knapp zweieinhalb Meter langen Cockpit nicht, auch wenn zum Leitwerk hin noch ein paar Zentimeter Raum vorhanden sind. Der Bordmechaniker beruhigt uns.

„Wenn Sitze raus, dann Platz für Boote!"

Wenn wir seinen Optimismus nur teilen könnten! Zum Herumprobieren ist aber keine Zeit mehr, das Flugzeug wird schon startklar gemacht, die Boote sind schon auf dem Gepäckwagen verstaut und in den Hangar gebracht worden.

Ich kehre ins Hotel zurück. Nun heißt es erst einmal auf den Abflug zu warten. Zum Lesen haben wir gar keine Lust – zum Schreiben ist es noch zu früh, ehe wir nicht berichten können, daß die Flußfahrt erfolgreich abgeschlossen worden ist.

Mick Hopkinson hat sich um eine kleine Ration Proviant bemüht, die wir in den Rucksäcken unterbringen: einige Rollen Traubenzucker, ein Dosenkuchen, ein Paket Rosinen und ein paar Büchsen Sardinen und Räucherfisch. Wir versuchen um jeden Preis, das Gewicht der Kajaks niedrig zu halten, aber mit der Kameraaausrüstung, den Schlafsäcken und dem bißchen Kleidung zum Wechseln kommen wir auf mehr als dreizehn Kilo pro Person.

Auf das Verstauen von Ausrüstung in unseren Booten sind wir nicht vorbereitet, und so behelfen wir uns mit dem wasserdichten Verpackungsmaterial der übrigen Proviantkisten, um unser Gepäck zu schützen.

Dienstag, der 4. Oktober.

Ich erwache und öffne die Fensterläden, um einen Blick über die flachen Dächer Katmandus zu werfen. Über uns liegt eine tiefhängende Wolkendecke. Das Wetter ist trübe, die Luft stickig. Wegen schwerer Gewitter mußten am Vortag die meisten Flüge gestrichen werden, weil man unter diesen Umständen die Graspisten nicht benutzen kann. Ein paar Regentropfen klopfen auf das Wellblechdach und spritzen gegen die Scheibe, und ich richte mich auf einen weiteren Tag im Hotel ein.

Plötzlich schüttelt mich jemand. Ich bin wieder eingeschlafen, es ist inzwischen nach zehn Uhr, und die Sonne bricht gerade durch die dicken Regenwolken. Ich gehe schnell unter die Brause, springe in die Kleider und laufe treppab, wo ein Taxi auf uns wartet, um uns zum Flughafen zu bringen.

Es ist Mittag. Wir sitzen im Flughafengebäude und trinken teuren Kaffee. Flugzeuge starten und landen, aber unser Flug wird nicht aufgerufen. Es wird zwei Uhr, unsere vorgesehene Abflugzeit, dann drei. Noch immer keine Ansage. Ich gehe zur Auskunft – keine Neuigkeiten.

Ein vierschrötiger Mann mittleren Alters mit sonnengebräuntem Gesicht kommt zu uns herüber und stellt sich vor: Emil Wick, unser Pilot. Mit starkem, deutschen Akzent entschuldigt er sich für die Verzögerung.

„Tut mir leid, Jungs, aber das Wetter wird schlechter. Wir müssen den Flug verschieben. Kommt morgen früh wieder, dann versuchen wir's noch mal."

Bitter enttäuscht fahren wir zum Hotel zurück. Immer wieder warten und warten!

Der Basar in Katmandu aber hat geöffnet. Was kann man da nicht alles kaufen! Wunderschöne handgewebte Wandteppiche, feingeschnitzte Holzornamente, in Kupfer getriebene Tabletts und Vasen, lange krumme Ghurka-Messer. Ich verbringe den Rest des Tages mit Einkäufen für die daheim. Dann gehen wir in ein Restaurant und sind verblüfft, daß sich die Preise inzwischen verdoppelt haben. Wir stellen den Besitzer zur Rede. „Wissen Sie, jetzt beginnt die neue Reisesaison. Da verdoppeln wir die Preise immer. Die Amerikaner finden das nämlich noch immer billig!"

Wir gehen früh wieder weg und liegen um zehn im Bett. Vorher werfe ich noch einen prüfenden Blick zum Himmel. Er ist hellrot gestreift, und ich nehme es als gutes Omen für das Wetter am folgenden Tag.

Um sechs Uhr dreißig weckt mich Mick Hopkinson, um sieben Uhr dreißig sind wir unterwegs zum Flugplatz. Es ist warm, und die kleinen Lämmerwölkchen über den westlichen Hügeln lassen auf gute Wetterverhältnisse hoffen.

Im Flughafenrestaurant bestellen wir erst einmal ein ordentliches Frühstück mit Spiegeleiern und Speck, heißem Buttertoast und dampfend schwarzem Kaffee. Emil Wick sitzt in unserer Nähe mit einigen anderen Piloten zusammen, und ich gehe zu ihm hinüber.

„Na, wie sieht's heute aus?'

„Ja, wird wohl werden. Einer von meinen anderen Flügen ist offenbar gerade gestrichen worden. Da könnt ihr dann drankommen. Achtet mal auf die Lautsprecheransage."

Wir sitzen herum und trinken Kaffee und lesen Zeitung. Viel Neues steht nicht drin. Regierungsnachrichten hauptsächlich, aber auch eine kleine Notiz: Die amerikanische Everest-Expedition hat sich an der Wand eingerichtet und wird in den nächsten Tagen den Gipfel in Angriff nehmen.

Um zehn Uhr dreißig schaut Emil Wick um die Ecke: „Hoch mit euch, es geht los!"

Wir krabbeln hoch, gehen durch die Sicherheitskontrolle und schlendern über die Teerpiste zur „Pilatus". Die Kajaks stehen schon bereit, um eingeladen zu werden, und der Mechaniker ist damit beschäftigt, die Sitze abzumontieren. Auf das Schlimmste gefaßt, habe ich eine Säge mitgenommen und zwei Rollen Klebeband. Wenn es absolut nicht geht, dachte ich, säge ich ab, was zuviel ist, und klebe es hinterher wieder dran, sobald wir in Lamindamba sind.

Der Pilot und der Mechaniker verschwinden im Hangar. Mick und ich machen uns daran, die Boote zu verstauen. Wir vergessen, daß wir es mit einem Flugzeug für eine Million Mark zu tun haben, und schieben und ziehen ohne Rücksicht auf Verluste, bis das erste Boot endlich drin ist. Das zweite Boot macht es uns nicht leichter. Wir arbeiten und schwitzen, um es irgendwie in den Flugzeugrumpf hineinzubekommen. Es geht einfach nicht! Schließlich ist Mick Hopkinson alles egal. Dann eben mit Gewalt! Er packt den Steuerknüppel, drückt mit seinem großen Stiefel dagegen, egal, was sich die Mechanik dabei denkt, und verschiebt ihn um einen halben Zentimeter. Es klappt – das Kajak ist drin. Jetzt müssen die drei Sitze wieder eingebaut werden, zumal Leo mitkommt, um ein paar Luftaufnahmen zu machen. Wir schieben den ersten in die Schiene, den zweiten und dann den dritten – geschafft!

Inzwischen ist der Pilot wieder da. „Es geht los", sagt er.

Die Tür zum Passagierraum wird zugeschlagen, die Sicherheitsgurte werden angelegt und festgezogen, und die Maschine wird angeworfen. Wir rollen auf die Piste und warten auf die Starterlaubnis. Vom Westen nähern sich große Wattewolken.

„Gerade geschafft, scheint mir", sagt der Pilot.

Der Motor heult auf, die Maschine vibriert, die Tragflächen durchschneiden die Luft, wir werden immer schneller, die Piste rast unter uns her – wir sind in der Luft.

Der Endspurt

Das Flugzeug schraubt sich in den durchsonnten Himmel. Das Panorama von Hügeln, Bergen und Ebenen wird immer breiter. Die Maschine geht in Schräglage und rast in zweitausendsiebenhundert Meter Höhe über die blechgedeckten Häuser von Katmandu. Dann nimmt sie Kurs auf die nördliche Hügellandschaft.

Wir gehen auf noch größere Höhe. Unter uns sehen wir die grünen Terrassen der Reisfelder, einen Mann, der mit einem Ochsen pflügt und eine Gruppe von Arbeitern, die das Dach eines Landhauses decken. Das Flugzeug gerät in ein Luftloch – ein plötzlicher Ruck, und es fällt. Mein Puls geht schneller, als die Boote nach vorn rutschen, gegen das Gestänge des Leitwerks. Ich halte sie fest und schiebe sie zurück, um sie, als wir wieder Höhe gewinnen, erneut festzuzurren.

Emil Wick, unser Pilot, zieht ein Paket Gauloise aus der Tasche und steckt sich eine Zigarette an, während er den Horizont nach Orientierungspunkten absucht. Er kennt Nepal seit vierzehn Jahren und hat sich in dieser Zeit einen

Ruf als umsichtiger und geschickter Flieger erworben. 1960 begleitete er die Schweizer Expedition zum Dhaulagiri. Was Bergsteigen betrifft, rangiert der Berg gleich hinter dem Everest. Dort hat Wick es geschafft, seine Maschine, mit der er Ausrüstung und Proviant beförderte, zweiundvierzigmal auf Schneekufen in mehr als sechstausend Meter Höhe zu landen. Erst beim dreiundvierzigstenmal hatte er Pech – eine der Kufen blieb in einer Spalte stecken, das Flugzeug ging zu Bruch, und Wick, der zum Glück unverletzt geblieben war, mußte zu Fuß nach Katmandu marschieren, was ihn einige Tage kostete.

Schon bevor ich ihn auf dem Flughafen kennenlernte, kannte ich ihn vom Hörensagen. Kurz vor unserem Start war nämlich ein Mann vom Bodenpersonal zu mir gekommen, weil ihm schien, der Anblick des so kleinen Flugzeuges mache mich nervös. „Keine Angst", flüsterte er mir zu, „Ihr Pilot ist ein Glückskind. Er ist schon dreimal abgestürzt, und jedesmal mit dem Leben davongekommen!" Nicht, daß mich das so sehr beruhigt hätte, zumal mir beim Einstieg auffiel, daß der Pilot als einziger einen Fallschirm trug.

Das Flugzeug zieht nach Backbord und durchschneidet eine niedrig hängende Wolkenbank. In der Ferne glitzert das Wasser des Dudh Kosi. Er schlängelt sich am Grund eines wilden, einsamen Tales entlang. Wir benutzen den Fluß als Wegweiser und Navigationshilfe. Leo ist ganz in seinem Element und filmt, hoch aufgerichtet, die unter uns liegende Landschaft. Sie ist wirklich eindrucksvoll: lange schroffe Felsgrate, abgerundete Vorsprünge und Steinterrassen, von der Natur aus dem Gebirge herausgeschnitzt. Einige Kilometer lang wandert der Fluß in Schlangenwindungen sanft einher, bis ihn das Felsengebirge wieder einzwängt und Stromschnellen mit mächtigen, stehenden

*An dieser Stelle ergießt sich die milchige, strudelnde Wassermasse
des Dudh Kosi in das graufarbene Wasser des Sun Kosi*

Wellen und Walzen entstehen läßt. Mick Hopkinson glaubt sogar, aus tausend Meter Höhe noch riesige Walzen und Wasserfälle erkennen zu können – und das ohne seine Brille! Wir tasten uns am Flußlauf entlang und versuchen, durch einzelne Wolkenlöcher hindurch (denn es zieht sich unter uns zusammen) zu ihm hinabzublicken.

Unter uns fallen mir jetzt gelegentlich auftauchende Kiesbänke auf – Beweis, daß der Wasserstand fällt, obwohl der Monsun gerade erst vorbei ist.

Ich schaue auf die Uhr. Eine Stunde sind wir schon in der Luft. Sind wir denn nicht bald am Zusammenfluß? Als habe er meine Ungeduld gespürt, klopft der Pilot an die Scheibe und zeigt nach unten. Da – unter uns fließen zwei Flüsse ineinander.

„Ist es das?" rufe ich und versuche, das Dröhnen des Motors zu überschreien. Emil Wick nickt und zieht die Maschine nach unten. Elegant umkreist er die milchige, strudelnde Wassermasse des Dudh Kosi, die sich in das graufarbene Wasser des Sun Khosi ergießt.

Vor uns erstreckt sich das Tal des Dudh Kosi, rauh und scharf ins Gebirge hineingeschnitten, mit schwindelndsteilen Felsstürzen, die in den Fluß hinabfallen. Oberhalb der Talseiten stehen ein paar einsame Hütten.

Wir fliegen stromaufwärts und lassen besorgt unsere Blicke hin und her wandern. Wenn man hier aus dem Boot fällt? Das Schwimmen zum Ufer, so schwer, ja lebensgefährlich es sein mag, ist nicht das einzige Problem. Wenn man das geschafft hat, heißt es die Felsen hochklettern. Stellenweise gibt es gar keine Möglichkeit, das Kajak ans Ufer zu bringen, weil die Klippen senkrecht aus dem vorbeirasenden Wasser aufsteigen. Später werden wir feststellen, daß vielerorts das Ufergestein vom Strom ausgewaschen und unterspült ist, mit Unterwasserhöhlungen, die das Schwimmen unmöglich machen. In Katmandu sprach man davon, daß es im Sun Kosi Krokodile gibt. Wir hoffen allerdings, daß sie das kalte Wasser des Dudh Kosi daran hindert, dessen Unterlauf auch noch auszukundschaften. Das Krokodil ist das ungemütlichste und gefährlichste Tier, das einem auf dem Wasser begegnen kann. Auf dem Blauen Nil habe ich das gelernt. Ein angreifendes Krokodil kann den müdesten Kanuten zu den aufregendsten und überraschendsten Höchstleistungen bringen – Erfahrungen, auf die wir gern verzichten.

Mit Erleichterung stellen wir fest, daß die Stromschnellen vor dem Zusammenfluß nicht so ununterbrochen verlaufen wie weiter oberhalb. Es gibt zwischendurch immer wieder lange Strecken seichten, schnell fließenden Wassers. Das haben wir auch erwartet, weil das Gesamtgefälle des Unterlaufs geringer ist als auf dem oberen Teil des Dudh Kosi.

Wir umfliegen einen Felsvorsprung im Flußtal, und der Motor wird gedrosselt. Drei Kilometer voraus liegt eine braune, in den Abhang hineingegrabene Landepiste, die in einem Winkel von fünfundvierzig Grad aufwärts verläuft. Sie ist knapp hundertachtzig Meter lang und fünfunddreißig Meter breit. Sie zu verpassen ist lebensgefährlich. Der „Kontrollturm" besteht aus einem Mann in blauem Overall, der heftig mit zwei roten Stäben winkt.

„Himmel, hier landen wir doch nicht etwa?" rufe ich dem Piloten zu, der geschickt mit Hebeln und Knöpfchen hantiert. Offensichtlich ganz in seinem Element, grinst er mir zu. „Leider ja. Achtung, festhalten!"

Ich greife nach meinem Sitzgurt und ziehe ihn so fest, als wolle ich mich mitten durchschneiden, und dann verkeile ich die Boote mit Hilfe meines rechten Beines. Der Wind pfeift durch die Querruder, als wir zur Landung ansetzen. Plötzlich heulen die Motoren auf, der Pilot startet durch, und wir ziehen knapp über die Landebahn hinweg, um endlich wieder Höhe zu gewinnen.

„Was ist los?" Mein Puls rast, und ich zittere vor Kälte.

„Och, nur 'ne Kontrollrunde, ob hier keine Kühe auf der Piste rumrennen." Emil kippt seitlich ab, geht erneut in Gleitflug und macht eine saubere Lehrbuch-Landung. Ich klammere mich auf dem Sitz fest, während das Flugzeug stoßend und holpernd ausrollt und mit leerlaufendem Propeller neben einer Hütte am Ende des Flugplatzes stehenbleibt. Die Tür wird aufgeschoben, Mick Hopkinson und ich klettern, froh, überlebt zu haben, hinaus.

Eine große Zahl Einheimischer versammelt sich aufgeregt schwatzend um uns, als die Kajaks entladen und neben das Flugzeug gestapelt werden.

„Braucht ihr Träger?" ruft der Pilot über die Menge hinweg.

„Ja, vier Mann brauchen wir."

Sie werden ausgesucht und nehmen sofort unsere Boote auf die Schultern und schaffen sie aus dem Weg.

Leo ist noch an Bord, denn er möchte ein paar Nahaufnahmen vom Fluß machen. Wir sehen zu, wie die Seitentür in geöffneter Position vertäut wird, damit Leo sich von seinem Sitz aus in den leeren Raum lehnen kann. Die Maschine wird angeworfen, kommt keuchend und stotternd in Gang und fällt in ihren gesunden Brummelrhythmus. Das Flugzeug rollt an das obere Ende der Startbahn. Erwartungsvoll schauen wir zu, wie sich das Motorengeräusch zu einem Crescendo steigert, der Propeller sich durch die Luft schraubt und die Maschine sich auf der Piste in Bewegung setzt.

Sie hebt ab, und Emil Wick, dem es immer Spaß macht, Publikum zu haben, kippt seine Kiste um neunzig Grad scharf seitlich weg, so daß die Tragfläche fast den Boden rasiert, und verschwindet in einem beunruhigenden Winkel in Richtung Fluß, während Leo mit bleichem Gesicht verzweifelt versucht, sich am Rumpf festzuklammern. Die Einheimischen schreien und rufen vor Begeisterung.

Unsere Träger sind abmarschbereit. Nachdem sie Ausrüstung und Proviant in den Booten verstaut haben, beginnen sie den mühsamen Abstieg über einen Schotterpfad hinab zur Dudh-Kosi-Schlucht.

Nach einem Marsch von zwei Stunden setzen wir uns an einen schattigen Bergbach und ziehen Schuhe und Strümpfe aus, um die müden Beine im kristallklaren Wasser zu erfrischen. Dann gehen wir weiter und erreichen gegen zwei Uhr nachmittags den Fluß und ein Teehaus, das uns vor der blendenden Sonne schützt. Wir blicken über das Wasser, das an dieser Stelle fünfzig Meter breit ist. Der Fluß fließt schnell vorbei, zeigt aber keines der großen Wasser- und Felsrisiken, die wir vom Oberlauf her in lebhafter Erinnerung haben.

Wir stellen die Kajaks senkrecht an einen Baum, damit sie auslüften können, und überprüfen unsere Ausrüstung: ein Schlafsack, eine Wetterabdeckung aus orangefarbenem Plastikmaterial, etwas Traubenzucker, vier Konservenbüchsen mit Sardinen und Räucherfisch, allerlei Kameras und Fotokram.

„Und wo ist der Dosenkuchen?" fragt Mick.

„Hab ich doch nicht. Du hast ihn!"

Wir durchsuchen die Boote. Inzwischen aber fliegt der schöne Kuchen, unter dem Pilotensitz gut verstaut, wie uns plötzlich einfällt, gemütlich zurück nach Katmandu.

Alles wird wieder in strapazierfähige Düngemittelsäcke aus Plastikfolie gepackt, mit Klebeband versiegelt und in den Kajaks verstaut.

Endlich ist es soweit. Zahlreiche helfende Hände schieben

die Kajaks ins vorbeirauschende Wasser. Ich filme Mick, wie er in sein Boot steigt, seine Spritzdecke befestigt, seinen Sturzhelm überprüft und flußab paddelt. Mein Film ist abgedreht, ich lege eine neue Kassette ein, steige ein, nehme die Kamera zwischen die Schenkel und folge Mick.

Die Sonne brennt vom wolkenlosen Himmel herab, und wir treiben faul im Strom. Nach einer Woche Katmandu erfrischt und ausgeruht, fühlen wir uns pudelwohl und sind froh, wieder auf dem Wasser zu sein. Nur siebzig Kilometer. Wir sind stolz, uns an das Äußerste im Kanusport heranzuwagen, eine Flußfahrt ohne Hilfsmannschaft am Ufer, ohne Retter, im Falle, daß etwas schiefgeht.

Die erste halbe Stunde führt Mick. Sorgfältig arbeitet er sich durch ein paar kleinere Stromschnellen hindurch, wo das Wasser warnend strudelt und kocht. Einige Zuflüsse kommen von links hereingestürzt. Wir machen eine kurze Pause, um uns an einem dieser Wildbäche mit einem Schluck frischen Wassers zu erquicken.

Kurz darauf wird es schwieriger. Auf hundert Meter fällt der Fluß durch mehrere Schnellen und Abfälle fünfzehn Meter tief. Die Boote tanzen in unserem Seitenstau auf und nieder, während wir uns bemühen, eine Abwärtspassage auszumachen. Aus Respekt vor der zum linken Ufer laufenden Walze entschließe ich mich, mein Glück rechts zu versuchen. Mick sieht zu, wie ich – hart zickzack paddelnd – mir einen Weg zwischen zwei großen Walzen bahne, die fast die gesamte Flußbreite einnehmen, und mir dann vorsichtig eine Passage suche auf einer etwa hundert Meter langen Strecke voller Felsen, mit sich brechenden Wellen und ein paar kleineren hinterhältigen Walzen. Der Katarakt endet in einem riesengroßen Strudel, fünfzehn Meter im Durchmesser. Ich setze meine ganze Kraft ein, als ich an seiner Peripherie zu kentern und zu kreisen drohe, und

Drohend ragt der Felsen aus dem brodelnden Wasser

befreie mich schließlich mit allerletzter Kraft aus dem gefährlichen Sog. Ich ruhe mich am Ufer in einem kleinen
seitlichen Rückstau aus und winke Mick zu, daß er mir
folgt.

Er folgt meiner Strecke und paddelt einen sauberen Kurs
durch all die gefährlichen Stellen hindurch, bis er in den
großen Wirbel hineinpflügt. Beeindruckt sehe ich zu, wie er
– gezwungenermaßen – Kreise fährt, die enger und enger
werden. Schon nähert er sich dem Mittelpunkt, wo das
Wasser in einem Loch verschwindet wie im Abfluß einer
Badewanne. Plötzlich ist es passiert. Der Schlund packt
Mick mitsamt seinem Boot, und er verschwindet im Loch,
ohne daß ich ihm helfen kann. Mindestens eine Minute
vergeht. Da – ich sehe rotes Fiberglas! Mick taucht am
Rande des Strudels auf und wird, halb unter Wasser, flußabwärts gerissen. Er sieht sehr komisch aus, als ich ihm kurz
darauf ans Ufer helfe: die Spritzdecke ist abgerissen, das

Kajak halb unter Wasser, die Brille hängt ihm schief ins Gesicht, und in kurzen gurgelnden Stößen holt er Atem.

„Du solltest dich mal sehen, du siehst vielleicht verrückt aus", rufe ich, nach hinten gewendet, ihm zu, während ich ihn übers Heck abschleppe.

„Ich weiß gar nicht, was es da zu lachen gibt", zischt er. „Deine Kameras, die dich fünfzehnhundert Mark gekostet haben, liegen da jetzt irgendwo tief im Flußbett!" Ein paar Minuten lang herrscht dicke Luft zwischen uns, während ich Mick helfe, sein Kajak zu entladen und einen Nahtriß zwischen Rumpf und Deck zu reparieren, den der übergroße Wasserdruck des Wirbels verursacht hat.

Wir fahren weiter, und erst da wird mir klar, wie knapp wir an einer großen Katastrophe vorbeigekommen sind – denn wie leicht hätte es passieren können, daß Mick mit seinem Boot im Wirbel festgehalten worden wäre. Und selbst, wenn es ihm geglückt wäre, sich schwimmend zu retten, das Kajak hätten wir aus dem Wirbel kaum bergen können, und Mick wäre nichts anderes übriggeblieben, als den weiten und mühseligen Fußmarsch nach Katmandu anzutreten.

Weiter geht es. Nun überprüfen wir alle Stromschnellen mit besonderer Sorgfalt – noch so ein Abenteuer können wir uns nicht leisten.

Um fünf Uhr verschwindet die Sonne hinter einer Wolkenbank, und ein kühler Wind kommt die Schlucht herauf. Wir paddeln zum linken Ufer und ziehen die Boote an Land. An einer Felsnase breiten wir unser Zeug zum Trocknen aus.

Mick öffnet zwei Dosen Ölsardinen, die wir gleich mit den Fingern in den Mund stopfen und hungrig hinunterschlingen. In den Tiefen des einen Bootes entdecken wir einen Plastikkrug, mit dem Mick Wasser schöpfen geht, und in dem er Orangenpulver zu Saft verrührt. Er muß einige Male schöpfen gehen und mixen, bis unser brennender Durst gelöscht ist.

Während Mick Tagebuch schreibt, nehme ich die einzige uns verbliebene Kamera auseinander, um Optik und Mechanik zu trocknen. Alle Sachen von Mick sind naß, selbst sein Schlafsack. Als die Schatten ins Tal kriechen, legen wir uns müde und abgekämpft nieder und fallen sofort in tiefen Schlaf.

Als ich erwache, ist es zehn Uhr abends auf meiner Uhr, obwohl es nach meinem Gefühl früher Morgen sein müßte. Leise klatschen die Wellen des Flusses ans Ufer. Mein Blick wandert zum Himmel, der voller Sterne ist. Ich denke über den kommenden Tag nach. Wir haben heute viel Zeit gewonnen, und mit einigem Glück werden wir am nächsten Abend den Zusammenfluß erreichen. Ich bin mit Leo übereingekommen, dort drei Tage auf ihn zu warten. Er hat dann genug Zeit, einen Hubschrauber zu mieten, um uns wieder nach Katmandu zu transportieren. Da von zwei vorhandenen Maschinen nur eine einsatzbereit und daher mehr als ausgebucht ist, rechne ich mir keine große Chance aus, daß man uns abholt. Dann bleibt uns nur die Alternative: zweihundertfünfundzwanzig Kilometer zurück nach Katmandu zu marschieren, oder weitere siebenhundertfünfzig Kilometer den Sun Khosi hinabzufahren, bis wir wieder in der Zivilisation landen. Keine der beiden Möglichkeiten gefällt mir. Ich werde die Dinge wohl am besten an mich herankommen lassen müssen.

Es fängt an zu nieseln. Ich verkrieche mich unter meinem Wetterschutz, entschlossen, noch eine Mütze voll Schlaf zu bekommen. Mick ist gar nicht erst wach geworden und schläft ungestört weiter.

Ich werfe mich unruhig hin und her, bis die Sonne aufgeht. Erst gegen sechs Uhr zeigen sich am fernen Horizont die ersten roten Streifen. Ich schüttle Mick. „Wach auf, Junge!"

Trotz seines nassen Schlafsacks hat er zwölf Stunden lang tief und fest geschlafen. Wir krabbeln aus den Säcken und dehnen und recken unsere steifen, schmerzenden Gliedmaßen.

Mick macht eine Dose mit Fisch auf, und so genießen wir wieder einmal, im tiefsten Nepal, zehntausend Kilometer oder mehr von zu Hause entfernt, echten geräucherten Aberdeen-Hering und ein paar aufgeweichte Haferflockenkekse, die Mick in seinem Anorak findet.

Die Umwelt wird allmählich lebendig. Oben an der Seite des Tals kräuselt sich gemächlich der Rauch aus einer Sherpahütte, und irgendwo muht eine Kuh. Die Sonne scheint mehr und mehr ins Tal hinein, und wir beginnen, die Boote zu beladen und ins Wasser zu schieben. Der Fluß ist ein paar Zentimeter gefallen, und während wir abwärts treiben, sind wir uns bewußt, daß die Stromschnellen, die wir am Vortag vom Flugzeug aus gesehen haben, nun noch heimtückischer sein werden, wenn bei wachsender Untiefe verborgene Felskanten unsere millimeterdünnen Fiberglaswände aufzuschneiden drohen. Während der nächsten vier Stunden geht alles gut, und gegen Mittag finden wir uns bei einem Dörfchen wieder, das am linken Flußufer liegt. Ich signalisiere Mick, abzubrechen. Wir drehen bei und nehmen Kurs auf einen Kiesstrand, wo schon einige schmutzige Kinder auf uns warten, uns neugierig anstarren und hinter uns herlaufen, als wir mit knirschenden Schritten über die Kiesbank zur Dorfmauer stapfen. Um in die Siedlung zu kommen, müssen wir zunächst eine Schutzmauer überklettern. Ein vergnügt aussehender Junge führt uns zur größten Hütte, in deren Mitte eine Frau sitzt und ihr Kind stillt, ohne ihre Umwelt zu beachten.

Der Junge führt uns zu einem hölzernen Bock, auf dem wir Platz nehmen. Das schwelende Feuer wird angefacht, und bald steht ein fröhlich summender Kessel auf der flackernden Flamme. Es dauert nicht lange, bis man zwei Schüsseln *tsampa* vor uns hinstellt. Das ganze Dorf scheint zuzuschauen, während wir in uns hineinstopfen, was nur geht.

Mit Zeichensprache und ein paar nepalesischen Brocken, die wir im Laufe der Reise aufgeschnappt haben, versuchen wir eine Art von Unterhaltung zuwege zu bringen. Wohin wollen wir? Woher kommen wir? Man fragt uns dies und vieles andere, und wir geben uns große Mühe, uns verständlich zu machen. Aber als wir aufbrechen, habe ich den Eindruck, daß sie wohl nicht allzuviel verstanden haben und uns nur für ein paar verrückte Engländer halten.

Wir gehen wieder zu den Booten und machen einen Trockenstart, zur großen Freude der Kinder, die aufgeregt zuschauen, wie die Boote schneller und schneller werden und – platsch – im Wasser landen. Ich sehe mir die Landkarte genau an. Das Dorf, in dem wir gerade waren, befindet sich offensichtlich keine vierzehn Kilometer oberhalb des Zusammenflusses, und vom Überfliegen her erinnere ich mich, daß die vor uns liegende Strecke durch eine enge Schlucht führt. Ich finde das Dorf auf der Karte und errechne, daß wir uns einen dreiviertel Kilometer vor der Schlucht befinden.

Die buntglänzende Bugspitze des Kajaks durchschneidet die Fluten, als wir flußab dem Ziel entgegenfahren. Schon nach wenigen Minuten befinden wir uns in einem tiefen Einschnitt, wo sich das Flußbett verengt und einen schmalen Kanal zwischen jäh aufsteigenden Felswänden bildet. Ich lasse mich mit dem Strom treiben und beobachte zwei Affen, die auf einem überhängenden Ast schaukeln. Mit einemmal veranstalten sie ein Trommelfeuer mit kleinen Felstrümmern, mit denen sie die Boote bewerfen, und ich mache, daß ich davonkomme, als die Steine rund um mich herum einschlagen.

Die seitlichen Felswände zwängen den Strom ein, so daß er Strudel und Staus bildet, große Wirbel mit unvorhersehbarer Sogwirkung, plötzlich entstehende und genauso plötzlich wieder verschwindende Walzen und Wellen. Schwieriges Paddeln! Mick übernimmt auf dem ersten Teil der Strecke die Führung. Geschickt findet er durch die Schlucht eine Passage, mit der er die schlimmsten Stellen umschifft.

An einem Punkt verschwindet der Fluß hinter einer Biegung von neunzig Grad nach links. Die Wassererosion hat aus der rechten Ufersteilwand eine Höhlung herausgewaschen, und dreizehn Meter höher hängen große Felszacken wie Schwerter über unseren Köpfen. Der Sog ist gewaltig – die Wellen prallen zwischen den Uferwänden hin und her und lassen die Kajaks tanzen, wie Korken auf kochendem Wasser. Hier auf dem turbulenten Prallwasser übernehme ich die Führung, und Mick folgt dicht hinter mir. Unbeschädigt erreichen wir nach zweihundert Metern ununterbrochenem energischem Paddeln das andere Ende der gefährlichen Strecke.

Kurz darauf entdecken wir eine kleine sonnendurchflutete Nische, wo wir beidrehen und uns ein paar Minuten ausruhen. Aber wir brennen darauf, den Zusammenfluß zu erreichen, und so fahren wir weiter und manövrieren die Kajaks durch immer leichter werdende Stromschnellen hindurch. Längst ist es nicht mehr so, daß wir an jeder Schnelle um unser Leben kämpfen müssen. Statt dessen genießen wir die Herausforderung. Mit dem Gefühl, Boot und Fluß zu beherrschen, durchschießen wir Strecken, die immerhin den Schwierigkeitsgrad vier und fünf aufweisen.

Drei Uhr nachmittags... Wir verlassen die schattige Enge des Dudh-Kosi-Tals mit seiner finsteren Schlucht und gleiten in die Sonne und auf den Sun Kosi zu.

Mick kann nicht mehr an sich halten. „Hurra, geschafft!" brüllt er aufgeregt. Stolz auf den Erfolg paddelt er längsseits, und wir machen unser Finish vom Dudh Kosi in den Sun Kosi Seite an Seite. Unser Überschwang wird jedoch schnell gebremst. Wir sausen in eine Reihe riesengroßer Wirbel hinein, die den Sun Kosi hinunterbrausen. Wir legen uns ins Zeug und fahren haarscharf an ihnen vorbei. Wir überqueren die starke Strömung des Sun Kosi und fahren auf einen Sandstrand gegenüber dem Zusammenfluß der beiden Ströme zu, ziehen die Boote an Land, klettern hinaus und schütteln einander die Hand.

Wirklich – wir haben's geschafft! Zurück auf den Boden der Tatsachen. Wir schauen uns unsere Umgebung an. Der Strand, an dem wir angelegt haben, ist ungefähr hundert Meter lang und an seiner breitesten Stelle fünfzig Meter breit.

„Was fehlt, sind 'n paar Bierbuden, Eisverkäufer und Liegestühle. Dann wär's wie auf der Strandpromenade von Blackpool", bemerkt Mick.

Der goldene Sand glitzert, und sanfte Wellen klatschen ans Ufer. Treibholz und angespülte Wasserpflanzen ein paar Schritte höher zeigen, wo vor kurzem noch der Wasserstand verlief, als der Monsun auf dem Höhepunkt war.

Ja, und wie kommt man nun aus dem Flußtal über die steilen Felswände heraus?

Die bunten Kajaks liegen friedlich im Schatten eines überhängenden Felsens am Strand. Dort lassen wir uns nieder und beraten über unsere Lage. Proviant haben wir nicht mehr, Getränkepulver nur noch ein halbes Paket.

„Na, was meinst du, Mick?" frage ich.

„Also, daß Leo hier mit seinem Hubschrauber herkommt, halte ich für ziemlich ausgeschlossen. Laß uns zwei Tage warten, und wenn er dann nicht kommt, hauen wir ab. Zu Wasser oder zu Land – das müssen wir mal sehen."

Er hat recht. Der Ernst unserer Lage ist nicht zu übersehen. Kein Proviant, keine Führer, ein dünn besiedeltes Gebiet – da ist ein Marsch von zweihundertfünfundzwanzig Kilometer eine waghalsige Angelegenheit. Und wenn wir weiterpaddeln? Bis zum nächsten zivilisierten Ort sind es siebenhundertfünfzig Kilometer. Dann sind wir auf dem Ganges. Da wir auch hier nicht genau wissen, was vor uns liegt, aber damit zu rechnen haben, daß weiter unterhalb in der Sun-Kosi-Schlucht noch ganz ansehnliche Stromschnellen auf uns warten, das heißt, auf uns und unsere letzten zwei allmählich zu Bruch gehenden Kajaks, ist auch dieser Ausweg eine ziemlich verzweifelte Maßnahme.

Ich verdränge diese Befürchtungen, gehe zum Fluß und schöpfe Wasser, und dann mischen wir uns mit dem Getränkepulver unseren letzten Drink, der kaum ausreicht, unsere pergamentgleichen Kehlen zu befeuchten.

Mick glaubt, ganz in der Ferne oberhalb der Uferwand ein Haus erkennen zu können. Wir entschließen uns, am folgenden Tag den Versuch zu unternehmen, dort emporzusteigen und zuzusehen, daß wir an etwas Eßbares kommen.

Inzwischen sinkt die schimmernde Abendsonne schnell tiefer und verleiht der warmen Dämmerung einen sanften Kupferton. Einen kurzen Moment lang hängt der glühende Ball über dem Tal. Dann verschwindet er hinter den sich lang hinstreckenden Felsgraten des Flußufers.

Wir breiten die Schlafsäcke aus und richten uns für die

Nacht auf dem Sandstrand ein. Meine Gedanken überschlagen sich, und ich starre ins Firmament der Sterne, die mir aus dunklem Himmel zublinzeln. Wenn man in der Einsamkeit ist, üben Himmel und Gestirn einen großen Zauber aus. Unsere Nächte am Dudh Kosi sind immer ganz gemütlich gewesen, und ich kuschle mich in meinen Schlafsack.

Wie anders hier alles ist, wenn ich an meine zwölf Nächte am Blauen Nil denke. Jede Nacht waren wir von gewaltigen Regenfluten bis auf die Haut durchnäßt, und immer mußten wir damit rechnen, von Banditen überfallen zu werden, so daß wir abwechselnd mit griffbereitem Revolver Wache halten mußten, die besorgten Blicke in die tintenschwarze Dunkelheit hineinbohrend. Ich muß plötzlich lachen. Mir fällt gerade ein, wie ich eines Nachts aufwachte, in der festen Überzeugung, von Räuberbanden umzingelt zu sein. Es war eigentlich Micks Wache gewesen, aber der Schlaf hatte ihn übermannt. Ich stieß ihn an, weckte ihn und überzeugte ihn davon, daß ein Überfall unmittelbar bevorstand. Wir luden unsere Waffen und setzten uns Rücken an Rücken auf die Schlafsäcke, mit einer Handvoll Munition zum Nachladen in Reichweite. Wir warteten und warteten... Als wir am folgenden Morgen wieder zu uns kamen, hielten wir die geladenen Revolver noch in der Hand, jeder auf den Kopf des anderen gerichtet! Es müssen die Grillen im Gras gewesen sein, aus deren Geräuschen ich auf Banditen geschlossen hatte. In der Dunkelheit spielt einem die Phantasie Streiche. Jedes Pfeifen, jeder Laut kam uns wie ein Signal vor, das sich die Räuber gaben. Andererseits – so abwegig waren unsere Ängst nicht. Vier Tage später gerieten wir wirklich in einen Hinterhalt.

Ich schlafe endlich ein, tief und fest bis zum Tagesanbruch. Der Himmel ist voller dünner, kalt aussehender

Wattewölkchen, aber als ich zum Ufer gehe, um mich auszuziehen und im sandigen Wasser zu waschen, spüre ich eine kräftige warme Brise. Auch Mick ist inzwischen wach geworden, und wir beginnen den bevorstehenden Tagesablauf zu planen.

Wir müssen einen Landeplatz abstecken und markieren, Proviant beschaffen und die Boote überholen, um die Weiterreise antreten zu können, falls die „Luftbrücke" nicht funktioniert. Ich kümmere mich um den Landeplatz, Mick um die Kajaks. Zwei Tage Zeit haben wir sowieso, und als wir gegen neun Uhr fertig sind, beschließen wir, unseren Aufstieg zu der am Vorabend entdeckten Hütte auf den Nachmittag zu verschieben. Wir werfen uns auf die Schlafsäcke, Mick kramt zwei Taschenbücher hervor, an die er beim Einpacken zum Glück noch schnell gedacht hatte, und wir machen es uns erst mal gemütlich. Wir faulenzen den ganzen Vormittag, entspannen uns und genießen die Abgeschiedenheit von der Außenwelt.

Einmal taucht eine Herde Affen auf. Sie turnen an der gegenüberliegenden Felswand, ich lege mein Buch weg und mache ein paar Schnappschüsse, wie sie sich an den senkrechten Wänden entlangschwingen.

Ich döse ein. Plötzlich bringt mich ein gedämpftes Klopfen und Klappern in die Wirklichkeit zurück. Verdammte Affen, denke ich und rolle mich wieder auf die Seite. Mir fällt ein, wie sie uns am Vortag mit Steinen beworfen haben. Ich fahre hoch, als das Geräusch immer lauter wird.

„Lieber Himmel, jetzt schmeißen sie schon mit Felsbrocken um sich. Die bringen mich noch um!" brüllte ich, richte mich auf und suche nach den Bösewichtern. Es ist nichts zu sehen, und als ich nach oben schaue, bemerke ich einen Sonnenreflex auf Metall am Himmel über mir.

„Der Hubschrauber ist da!" Ich greife nach dem Paddel und renne zur Mitte des Strandes. Die Mühle schraubt sich knatternd durch die Schlucht, verharrt ein paar Meter über unserer Sandbank und läßt sich gemächlich nieder. Der Sog der Rotorblätter verursacht eine gewaltige Staubwolke. Leo und Mick Reynolds tauchen daraus auf, zusammen mit einem Piloten und einem Bordmechaniker.

Geduckt laufen Leo und Mick auf uns zu.

„Hab euch ja versprochen, daß ich's schaffe", triumphiert Leo. „Ich hab ihnen gesagt, ihr seid schon weg, und wir können euch nur auf diese Weise rausholen. Na ja, und da mußten sie uns eben irgendwie dazwischenschieben."

Leo will uns natürlich noch einmal filmen, wie wir beim Zusammenfluß ankommen, und so ziehen wir uns schnell um und paddeln die letzten zweihundert Meter wieder flußaufwärts. Es geht sehr schwer. Wir arbeiten uns von Uferwirbel zu Uferwirbel empor und versuchen die gefährlichsten Stellen zu umschiffen. Schließlich hören wir das Geräusch der Rotorblätter, der Hubschrauber erscheint. Wir wenden und paddeln stromab. Der Hubschrauber rotiert über uns, Leo lehnt sich heraus und filmt durch die Seitentür.

Wir kommen in Höhe des Zusammenflusses ans Ufer. Die Boote schießen ins flache Wasser hinein und bohren sich in den Sand, und wir springen an Land. Der Kamera zuliebe schütteln wir einander die Hände und gratulieren einander.

„So, das ist es nun aber!" Froh und erleichtert seufzen wir auf. Der Hubschrauber landet, und ein unermüdlicher Leo kommt angerannt.

„Jungs, das war noch nichts. Ich hab nicht den richtigen Schußwinkel gehabt!"

Erbittert stoßen wir sinnlose Flüche aus, aber es hilft ja

nichts, und so kämpfen wir noch eine halbe Stunde, um ein weiteres Mal stromaufwärts zu gelangen.

Aber diesmal geht nun wirklich alles wie geschmiert, Leo hat seinen schönen Schußwinkel. Und wir haben den Dudh Kosi hinter uns.

Der Pilot stellt fest, daß er durch unser zusätzliches Gewicht nun zuviel Treibstoff an Bord hat. Acht Fünfgallonenbehälter werden abgeladen. Ein inzwischen zu uns gestoßener nepalesischer Zuschauer möchte unbedingt seine Petroleumlampe damit füllen.

Wir klettern in die Maschine. Die Glaskuppel ist wie ein Treibhaus. Es ist heiß und stickig. Die Rotoren beginnen sich zu drehen, wieder wirbeln große Staubwolken auf, und langsam heben wir ab. Der junge, glattrasierte nepalesische Pilot bringt die Maschine auf Trimm. Mit der linken Hand balanciert er sorgfältig die Rotoren aus, und schnell gewinnen wir an Höhe und Geschwindigkeit.

„Na, war's schön, Jungs?" fragt er, sich zurückwendend.

„Das kann man wohl sagen", antworte ich.

Ich blicke zurück ins Dudh-Kosi-Tal; es gleitet allmählich nach Steuerbord und verliert sich als silberner Streifen am Horizont. In einer Stunde werden wir wieder in Katmandu sein . . .

Geschafft!

Der Flughafen von Katmandu ist für uns ein willkommener Anblick. Gegen dreizehn Uhr verstummt das Rotorgeräusch; wir sind gelandet, stolpern aus der Mühle und gehen hinüber zum Zollschuppen. Ein freundlicher Beamter winkt uns vorbei, und wir betreten die Empfangshalle, wo John

Mutter und Kind am Straßenrand, kurz vor Katmandu

Gosling auf uns wartet. Der Transit parkt vor dem Ge-
bäude. Wir steigen in unseren Wagen, John setzt sich ans
Steuer, und geschwind fahren wir die schlaglöcherübersäte
Zubringerstraße nach Katmandu hinein.

Zurück zu sein und die Abfahrt, die doch manchmal
einem Alptraum glich, hinter mir zu wissen, verschafft mir
ein Gefühl ungeheurer Erleichterung. Aber eins macht mich
ein bißchen traurig: Viele von denen, die sich auf der Expedition persönlich so stark eingesetzt haben, vor allem Rob
Hastings, konnten ja nun leider unsere letzten aufregenden
Tage auf dem Dudh Kosi nicht miterleben – schade vor
allem um den Augenblick des Triumphs, als wir, voller
Hochstimmung, den Sun Kosi erreichten. Nun, es bleibt
wenig Zeit für Betrachtungen. Schon hält der Transit mit

quietschenden Reifen vor unserem Ziel. Das Hotel *Asia* lächelt uns sauber und einladend an. Ich gönne mir erst einmal eine dampfend heiße Dusche, um den Schmutz von drei Tagen abzuwaschen. Ganz schön abgenommen habe ich – aus dem Spiegel schaut mich ein magerer Kerl mit herausstehenden Rippen an. Frisch gewaschen und in sauberem Zeug stürzen wir uns heißhungrig aufs Essen. Eine beträchtliche Portion Steak und Pommes frites muß dran glauben. Gekrönt wird unser Mahl mit Apfelkuchen und Eiscreme. Dann genießen wir noch einen frisch zubereiteten Kaffee, bis wir schließlich gesättigt und zufrieden sind.

Wir erzählen unsere Erlebnisse: wie Mick im Strudel verschwand, die Affen mit Steinen nach mir warfen, wie stolz und aufgeregt wir die Flußmündung erreichten, voller Sorge, wie es nun weitergehen sollte, und wie erleichtert wir waren, als der Hubschrauber ankam.

Uns bleibt kaum noch Zeit. Wir planen unsere Abreise nach England für den folgenden Tag. Fast zwölftausend Kilometer sind mit nur drei Fahrern zu bewältigen, eine schwierige Rückfahrt. Sicher wird es auf den hohen türkischen Pässen schon geschneit haben; bis Ende Oktober werden sie allmählich unpassierbar. Wenn wir es bis dahin nicht schaffen, stehen uns erhebliche Umwege und Verzögerungen bevor. Der Transit braucht eigentlich noch ein paar Reparaturen. Der Anlasser ist nicht in Ordnung, und die Einspritzpumpe muß ebenfalls nachgesehen werden. Aber dafür haben wir jetzt keine Zeit. Wir müssen es auch so schaffen. Nun muß allerdings auch noch allerlei Papierarbeit vom Tisch: Rechnungen sind zu bezahlen, Presseveröffentlichungen müssen geschrieben werden, unsere Geschichte ihren Weg in die Medien finden.

Auf der Straße winke ich eine Rikscha heran. Sie setzt sich mit einer Vielzahl schrecklicher Geräusche in Bewegung – die Kette klappert, die Räder quietschen, die Pedale stöhnen –, und so fahren wir in die Stadt zu Liz Hawley vom Reuter-Büro.

Als wir durch den von Menschen wimmelnden Basar kommen, fällt mir auf, wie sehr Katmandu seit unserer ersten Durchreise verändert ist, überall laufen Europäer und Amerikaner herum. Die Touristen wedeln mit Banknoten und sind auf der Jagd nach günstigen Einkäufen. Die Ladenbesitzer genießen es in vollen Zügen. Sie füllen ihre Regale genauso schnell wieder auf, wie die Amerikaner sie leerkaufen. Ich bitte den Rikschafahrer zu halten. Rüttelnd und stoßend und mit einem Schleifgeräusch von Metall auf

Zum Schluß bummeln wir durch den von Menschen wimmelnden bunten Basar

Metall – die Bremsklötze scheinen abgeschliffen zu sein – kommt das klapprige Fahrzeug zum Stillstand.

Liz Hawley, auf ihrer Nasenspitze eine Brille balancierend, ist im Büro.

Da ist der Teufel los. Zwei Mitglieder der amerikanischen Everest-Mannschaft haben gerade den Gipfel erreicht, und Miß Hawley ist, zusammen mit all den anderen Presseagenten, zu einer Pressekonferenz bestellt worden. Zwar kennt sie die Geschichte längst durch die amerikanische Botschaft, die eine inoffizielle Radionachricht direkt vom Basislager erhalten hat. Sie ist – um den Vorsprung vor der Konkurrenz zu halten – bereits dabei, das Ereignis herauszutelegrafieren, muß aber gleichzeitig so taktvoll sein, an der offiziellen Pressekonferenz teilzunehmen und sich die Nachricht aus zweiter Hand ein weiteres Mal mitteilen zu lassen. Bis die anderen Agenturen die Neuigkeit wissen, ist es für sie zu spät, und das Reuter-Büro in Katmandu hätte einmal mehr den Vogel abgeschossen.

„Hallo, ich sehe, ihr habt's geschafft", ruft sie im Vorbeieilen, als sie ihre Nachricht in den Fernschreibraum bringt. Neuigkeiten machen schnell die Runde. Sie hat schon vom Flughafen gehört, daß man uns am Sun Kosi abgeholt und sicher zurückgebracht hat. Von der Story der Amerikaner auf dem Everest scheint mir die unsere etwas überschattet. Wir geben ihr kurz die wichtigsten Einzelheiten unserer Expedition und lassen sie zu ihrer Pressekonferenz eilen.

Wir schauen noch einmal bei der Bank vorbei, besuchen kurz Mike Cheney und fahren zurück zum Hotel, wo ich unseren Expeditionsbericht fertig schreibe, weil Leo ihn bei seinem Abflug am folgenden Tag schon mitnehmen möchte. Erst gegen Morgen bin ich soweit, und völlig übermüdet sinke ich ins Bett.

Trotzdem sind wir um acht Uhr morgens bereits unterwegs. Es ist ein angenehmer warmer Tag. Wir rollen auf der Pokkharastraße am Trisulifluß entlang – ein hübsches Wildwasser, das wir uns im Vorbeifahren interessiert ansehen, bis es sich durch eine steile Schlucht unseren Blicken entzieht. Der Fluß scheint mir für eine Floßfahrt gut geeignet. Später erfahre ich, daß sich schon eine Gesellschaft gefunden hat, um die Floßfahrt auf dem Trisuli im folgenden Jahr auf kommerzieller Basis zu organisieren.

Pokkhara ist für Reisende nicht so interessant wie Katmandu, und wir halten uns nur kurz auf, um etwas zu essen, ehe wir zur nepalesisch-indischen Grenze weiterfahren. Diese erreichen wir am folgenden Morgen. Sogleich dirigiert man uns in eine Umzäunung und befiehlt uns, das Fahrzeug zu entladen. Wir schwitzen und werden zunehmend ärgerlicher, während wir alles abladen und auspacken.

„Zwei Kajaks? Wo sind die anderen zehn?" fragt der Zollbeamte. „Wissen Sie, daß Sie auf alles, was Sie nicht wieder herausbringen, zweihundert Prozent Zoll bezahlen müssen?"

Ich versuche umsonst, ihm den Zusammenhang klar zu machen: „Abgeschrieben! Kaputt! Weg! Auf der Expedition verloren!"

„Und wo ungefähr?" fragt der Beamte.

Geduldig fange ich wieder von vorne an und sage: „Sie sind verlorengegangen, als wir vom Everest heruntergepaddelt sind." Die Umstehenden lachen schallend. Der Zöllner fühlt sich auf den Arm genommen. Er ruft die Polizei: „Verhören Sie die Leute!" Wir zanken uns noch eine Weile, zahlen schließlich tausend Rupien und überqueren schnell die Grenze nach Indien, ehe sie anfangen, auch die ganzen anderen Gegenstände zu untersuchen und mit den Einfuhrzahlen zu vergleichen, wo sicher noch weitere Ungereimtheiten zutage getreten wären.

Nach zwei Tagen erreichen wir Delhi, wo wir sechs hektische Stunden lang versuchen, unsere Visa für Afghanistan verlängern zu lassen. Inzwischen macht sich Roger auf die Socken, um billig einzukaufen. Er sucht die handgewebten indischen Hemden, die er aus England kennt, und ist ganz überrascht, daß sie hier das Doppelte kosten.

Wir fahren weiter, achtzehn Stunden lang. Dann sind wir an der Grenze zu Pakistan. Aber ach – das böse Schicksal schlägt mal wieder zu. Ein unscheinbares rotes Warnlämpchen leuchtet auf, und wir entdecken entsetzt einen kochendheißen Ölfluß, der aus der Maschine sprudelt. Uns bleibt nichts anderes übrig, als die fünfzehn Meilen bis Lahore noch durchzuhalten. Das bedeutet, immer wieder stoppen und Öl nachfüllen.

Nach langem Suchen entdecken wir eine Ford-Werkstatt. Der Schaden ist schlimmer als befürchtet. Die Dichtungen für Nocken- und Kurbelwelle müssen erneuert werden, ebenso ein abgenutztes Lager der Einspritzpumpe. Diese muß ausgebaut, neue Lager montiert, alles überprüft und vieles ersetzt werden: zwei Tage sind weg. Wir nutzen den Zwangsaufenthalt zum Essen und Schlafen; immerhin waren wir fast fünf Tage ununterbrochen unterwegs.

Am 18. Oktober ist der Wagen wieder fahrbereit. Am 19. fahren wir über den Kabul-Paß. Wir durchqueren die heißen Ebenen von Afghanistan und kommen nach Persien. Die Landschaft ist flach und ohne bemerkenswerte Blickpunkte. Wir fahren ohne Unterbrechung, da wir sowieso nicht wagen, anzuhalten. Unser Anlasser funktioniert nämlich nicht. Und vier Tonnen zu schieben – dazu haben wir auch keine Lust.

Gegen Morgen halten wir immer ganz verzweifelt nach Hügeln Ausschau, wo wir den Wagen mit der Nase bergab parken können, damit wir wenigstens ein paar Stunden

Schlaf bekommen, ohne im Auto hin und her geschüttelt zu werden. Fünf Augenpaare bohren sich in die Nacht, während die Scheinwerfer die gelegentlichen Höhen und vermeintlichen Steigungen ausleuchten. Das dauert manchmal Stunden. Der jeweilige Fahrer muß erst überzeugt sein, daß wir uns auf einer abwärts verlaufenden Strecke befinden, ehe er sich überreden läßt, anzuhalten. Die letzte Entscheidung liegt stets bei ihm. Er bringt den Wagen, zögernd meist, zum Stillstand, legt den Leerlauf ein, löst die Bremse und hofft, daß sich der Wagen vorwärtsbewegt. Wenn er es tut, wird die Handbremse angezogen, der Motor abgeschaltet, und wir legen uns schlafen, in dem beruhigenden Gefühl, am nächsten Morgen wieder anrollen und damit starten zu können.

Im Dunkeln verliert man leicht das Urteilsvermögen. In einer Nacht, an die ich mich immer erinnern werde, waren wir ganz extrem müde und hungrig. Roger sitzt am Steuer und findet, daß es Zeit ist, anzuhalten. Da es offensichtlich gerade bergab geht, scheint der Moment gut gewählt. Ich lehne mich auf meine Ellenbogen – eben noch habe ich auf dem Rücksitz vor mich hin gedöst – und schaue durch die Frontscheibe. Die Strecke vor uns scheint mir stark abschüssig zu sein, wie an der von unseren Scheinwerfern angestrahlten Landschaft zu erkennen ist.

„Also, mach schon", rufe ich. Wir halten an. Roger legt den Leerlauf ein, und wir warten gespannt darauf, daß sich die Räder zu drehen beginnen, nachdem die Handbremse gelöst ist. Wir trauen unseren Augen nicht, als sich das Fahrzeug zwar langsam und dann immer schneller werdend in Bewegung setzt – aber rückwärts! Unsere Perspektive ist völlig durcheinandergeraten. Nun, Roger, rot im Gesicht – soweit im Dunkeln erkennbar –, macht das Beste daraus und dreht den Wagen in die Richtung, aus der wir gekommen sind. Sanft und selig schlafen wir ein.

Die Kilometer rasen vorbei. Schon haben wir den Iran verlassen und sind in der Türkei. Das vordem so heiße Wetter Asiens beginnt sich zu verschlechtern. Die Heizung wird endlich wieder einmal in Gang gesetzt, und der Scheibenwischer bekommt zu tun, als wir in Schnee- und Regenwetter geraten. Die hohen Pässe in der Türkei haben schon acht Zentimeter pappigen Neuschnee, auf dem wir, gefährlich rutschend und schlingernd, allmählich nach oben gelangen. Eigentlich schreibt das türkische Gesetz ab Oktober Schneeketten vor, aber wer will uns bei diesem Schneetreiben, mit Graupelschauern vermischt, schon kontrollieren?

Und wieder eine Panne! Diesmal sitze ich am Steuer, und wir befinden uns gerade am Fuße einer Paßsteige. Ich klettere aus dem Wagen, rolle die Ärmel hoch und beginne an der Maschine herumzubasteln. Das Metall ist eiskalt, und meine Finger fühlen sich schon ganz taub an, während ich erfolglos probiere, den Fehler zu finden. Von ferne höre ich das sich nähernde Rumpeln riesiger Lastkraftwagen. Drei große Sattelschlepper rollen um die Kurve. Sie kommen aus England. Die Fahrer halten hinter uns und steigen aus.

„Ärger, Kumpel?" fragt der eine.

„So, Jack wird das schon hinkriegen . . ."

Ein gewaltiger Werkzeugkasten wird ausgeladen, und es dauert keine fünf Minuten, bis unser Maschinchen wieder fröhlich vor sich hin feuert. Es war nur ein verstopfter Kraftstoff-Filter. Wir stehen noch ein Weilchen beieinander und unterhalten uns. Sie erzählen mir, daß sie alle drei Wochen von Bristol nach Persien und zurück fahren. Besser die als ich, denke ich still für mich.

Endlich sind wir in Ankara, und bald darauf in Istanbul. Wir machen kurz Pause und kaufen türkischen Honig, mit dem man die Zähne am Gaumen festkleben kann. Der Bosporus ist überquert, und Europa hat uns wieder. Wir denken nur noch in Meilen und Kilometern auf Straßen, die nie enden wollen. Retsina und Ouzo grüßen uns in Griechenland, Schwarzbrot und Käse laben uns in Jugoslawien, in Österreich müssen es nun einmal Wiener Schnitzel sein, und in Deutschland greifen wir zum Bierkrug. Renate Kolloch, Mick Hopkinsons Freundin, wartet schon besorgt auf unsere Rückkehr. So verbringen wir einen gemütlichen Tag in Frankfurt, ehe wir uns auf den Weg nach England machen, wo unser Empfang vorbereitet wird.

Es gibt immer wieder neue Probleme. In Ostende angekommen, können wir unsere Schiffskarte für die Fähre nicht finden. Immerhin ist die Hinfahrt mehr als vier Monate her, und woher sollen wir jetzt noch wissen, wo sich das verflixte Papier befindet? Habe ich es etwa in Nepal liegengelassen? – Nun, es taucht irgendwie auf, und wir überqueren den Kanal.

Es scheint alles sehr schnell zu gehen. Schon macht die Fähre fest, und wir gehen inmitten einer kalten, unfreundlichen Nacht von Bord. Was für ein Willkommen! Die Kneipen sind geschlossen, die Fish & Chips-Läden zu ... Was für eine Ernüchterung nach vier abenteuerlichen Monaten, die wir miteinander verbracht haben. Eine gedrückte Stimmung befällt uns. Wortlos fahren wir vor uns hin, bis wir fünfundvierzig Kilometer südlich von London sind. Plötzlich fällt Roger, der nicht totzukriegen ist, die Kiste Sekt ein, die wir im Auto haben – „Reiseproviant" von Renate. Die Stimmung schlägt um – wir fangen an zu feiern, Fahrer eingeschlossen. Die leeren Flaschen legen wir neben die Autotür, wogegen ja nichts zu sagen ist. Nur haben wir das schnell vergessen, und als wir im Zentrum von London nach dem Weg fragen und zu diesem Zweck die Tür öffnen, macht es klirr! und kling! und sechs Flaschen rollen über die Straße, in den Rinnstein, einem verdutzten Polizisten direkt vor die Füße. Wir geben Gas und melden uns alsbald in äußerst fröhlicher Stimmung bei Rob Hastings. Wir holen ihn aus dem Bett und setzen unsere Party fort. Es ist kurz vor Morgengrauen.

Zwei Stunden Schlaf gestehen wir uns zu. Dann geht es weiter nach Cardiff zum Fernsehen. Die Vorabzüge, Schwarzweißkopien unserer Farbnegative und der Kinofilm sind schon fertig. Voller Spannung sehen wir sie uns an. Zurück zu Leo, wo Barbara bereits stundenlang am Herd geschuftet hat, um die Vorbereitungen für eine gewaltige Freß-Orgie zu treffen! Gut gefüttert und voll des süßen Weines kommt nun das, was als Höhepunkt des Tages gedacht ist. Wir setzen uns ins Wohnzimmer, um Leos Fernsehstreifen über eine Besteigung der Matterhorn-Nordwand anzuschauen. Der Projektor wird aufgebaut, die Leinwand eingestellt und das Licht gedämpft. Kaum habe ich's mir bequem gemacht, ergreift mich eine unwiderstehliche Schläfrigkeit. Als ich wieder zu mir komme, ist die Vorführung fast beendet. Verschwiemelt gucke ich mich um. Alle schlafen tief und fest, selbst Barbara, und der arme alte Leo erntet statt wohlverdientem Lob und Applaus nichts als die Schnarcher der Schlafenden und die Grunzer der Aufwachenden.

Für den folgenden Tag hat Bristol Street Motors in Birmingham eine Pressekonferenz organisiert. Wieder einmal ist das Glück nicht auf unserer Seite. Wir sind gerade die ersten hundert Meter von Leos Wohnung in Bristol gefahren, da macht es klunk – ein heftiges Geräusch aus der Maschine ... sie steht, wir halten quietschend. Ein Telefongespräch nach Birmingham, und wir ziehen uns wieder in Leos Behausung zurück, um die Reste vom Vortag aufzuessen. Dann erscheint ein Abschleppwagen, und wir halten unseren schimpflichen Einzug in die Ausstellungsräume von Bristol Street Motors, huckepack auf einem Viertonnen-Kranwagen. Wir können von Glück sagen, daß die Presse unsere überfällige Ankunft nicht abgewartet, sondern längst das Feld geräumt hat.

Bristol Street Motors tun, was sie können. Sie stellen mir einen fast neuen Ford Cortina Kombi zur Verfügung, und wir zischen ab durch die Stadt auf die Autobahn nach Norden, nach Yorkshire, nach Hause. Für alle ist dies nun das Ende unserer Expedition. Außer für mich. Nun kommen erst einmal zwei Monate Arbeit, um unser Abenteuer zum Abschluß zu bringen. Da sind Artikel zu schreiben, Fotos zu sortieren, auszuwählen und mit Titeln zu versehen, Dankschreiben an Mäzene und Förderer zu richten, Fernseh- und Rundfunkinterviews zu geben. Ein Buch wird in Auftrag gegeben und eine Vortragsreihe auf die Beine gestellt. Auf einer hektischen Rundreise halte ich Vorlesungen von London bis Nordschottland.

Inzwischen kriechen die Mechaniker von Bristol Street Motors in unseren Transit. Sie vermuten, es könne am Öl gelegen haben, denn als sie den Motor auseinandernehmen, finden sie die Ölwanne voller Schlamm. Eine sofortige Analyse wird in Auftrag gegeben, und was findet man? Bristol Street Motors und wir sind gleichermaßen verblüfft! Der Zwanziggallonenbehälter Motoröl, den ich im Iran gekauft habe, enthielt in Wirklichkeit Speiseöl, vorzüglich geeignet für die Herstellung von „Fish & Chips", aber keineswegs, um ein Kugellager zu schmieren.

Was haben wir in den uns jetzt so kurz erscheinenden, aufregenden vier Monaten eigentlich erreicht?

Wir haben einen Weltrekord aufgestellt: Kajakfahren in

fünftausenddreihundert Meter Höhe. Außerdem haben wir uns einen Platz im „Guinness Buch der Rekorde" verdient, weil wir die höchsten und sicher auch schwersten und gefährlichsten Stromschnellen der Welt auf einer Strecke von einhundertdreißig Kilometer hinuntergefahren sind. Ferner haben wir Pionierarbeit in Wildwassertechniken geleistet und Verhaltensnormen gesetzt für schwierige und unbekannte Fahrbedingungen. Dabei war uns sicher der Zweifel, auf den unser Plan überall stieß, ein großer Ansporn.

In mehr persönlicher Hinsicht ist es uns gelungen, eine Gruppe verschiedener Einzelpersonen zusammenzubringen, von denen jeder seine eigenen Beweggründe hatte, sich der Expedition anzuschließen, und haben erlebt, wie daraus eine Einheit entstanden ist, in welcher der einzelne die eigenen Hoffnungen, Ziele und Wünsche zurücksteckte, um dem Gesamtunternehmen den Erfolg zu bringen. Eine bessere, treuere Mannschaft hätte ich mir nicht wünschen können. Wohl gab es auch Meinungsverschiedenheiten. Sie flackerten gelegentlich auf, waren aber schnell wieder vergessen, und so waren wir nicht nur ein erfolgreicher, sondern auch ein sehr vergnügter Haufen.

Was bedeutete unsere Expedition für den einzelnen? Kameradschaft, eine erlebnisreiche Reise und die Möglichkeit, sich selbst besser kennenzulernen. Man hat alte Freundschaften wiederbelebt und neue geschlossen. Man hat erlebt, wie verschieden die Welt aussieht und wie unterschiedlich die Menschen leben. Man hat in Pakistan und Indien furchtbares Elend und große Rückständigkeit gesehen, in Nepal die Natur in ihrer ganzen Schönheit – die Berge vor allem –, in ihrer Pracht. Man hat Enttäuschungen und Frustrationen hinnehmen müssen, manchmal Ärger, Zweifel und Angst. Und man hat den Erfolg gekostet, den

Triumph. Die menschlichen Empfindungen in ihrer ganzen Breite hat man erlebt und bewältigt, und man hat sein ganzes Können in die gemeinsame Aufgabe eingebracht – ein jeder sein besonderes Talent: Leo Dickinson seine phantasiereiche Filmarbeit, Rob Hastings seinen Sinn fürs Praktische, John Liddell sein buchhalterisches Geschick und seine Gabe, die Träger zu führen, John Gosling seine kulinarischen Fertigkeiten, Mick Hopkinson seine brillante Bootsführung, Dave Manby seine Fähigkeit, zu den Trägern ein persönliches Verhältnis herzustellen, und natürlich Roger Huyton seine Fröhlichkeit und seinen unschlagbaren Humor. Sicher darf man auch die anderen nicht vergessen, die zwar nur am Rande des Geschehens mitgewirkt haben, deren Beitrag aber zum Gelingen unserer Expedition so wichtig gewesen ist. Ich denke an die Begeisterung unserer Nepalesen, die trotz aller Probleme verständnisvolle Partner geworden sind – verständnisvoll bis hin zum Beifall und Hurrageschrei, wenn wir im Wasser lagen . . .

Meine Betrachtungen wären unvollständig, wenn ich mir nicht auch über meine eigenen Beweggründe Rechenschaft geben wollte. Was ist meine Triebkraft gewesen, ein solches Abenteuer auf mich zu nehmen, ja, Schinderei zuweilen, die Enttäuschungen und Aufregungen zu ertragen, um die Expedition zu planen, vorzubereiten und durchzuführen?

Nun, alle diese Dinge – die Idee entwickeln, sie in die Tat umsetzen, sie ändern, erweitern und dann vollenden – vermitteln mir ein ungeheures Gefühl der Befriedigung. Es reizt mich, Probleme anzupacken, Lösungen herauszufinden und mir Geschick und Erfahrung zu erwerben, mit dem Problem fertig zu werden. Jedes Problem muß auf seine ganz spezielle Weise angefaßt werden, ob es nun darum geht, eine Kamera auf ein Kajak zu montieren oder einen potentiellen Förderer zu überreden, sich von einer größeren

219

Summe zu trennen. Es kostet immer Zeit, meist die Zähigkeit eines Bibers und oft das Geschick eines Diplomaten. Verschiedene Menschentypen und verschiedene soziale Schichten begegnen einem. Es gibt mir Auftrieb, ihren Humor, ihren Mut oder einfach ihre Einstellung zu erleben, wenn sie einem Abenteuer gegenüberstehen oder darin verwickelt werden. Es macht großen Spaß, sie da hineinzuziehen.

„Wenn man vom Everest kommt – ist dann die Rückkehr nicht eine schreckliche Ernüchterung?" fragen mich viele, wenn sie meinen Vortrag erlebt haben.

Aber jeder Fluß bedeutet ein Abenteuer für sich. In Südamerika sind es Alligatoren und Piranhas, im Himalaja ist es die atemberaubende Geschwindigkeit in schwerem Wildwasser, im afrikanischen Busch sind es manchmal die feindseligen Einheimischen.

Bereits zwei Tage nach der Rückkehr von der Everest-Expedition – und das beantwortet die Frage nach der Ernüchterung – beginnen im heimatlichen Yorkshire neue Phantasien und Ideen zu sprießen. Wohin geht es das nächste Mal? Nach Südamerika, Nepal oder vielleicht zum Karakorum? Anfangs ist die Lust nicht groß, schon wieder ein neues Unternehmen solchen Ausmaßes anzupacken. Aber mit der Zeit verblaßt die Erinnerung an die körperlichen und geistigen Strapazen, und die angenehmen Erinnerungen treten in den Vordergrund. Vor dem geistigen Auge sieht man Kajaks in gleißender Sonne durch die Katarakte des Everest schießen, die kalten unnahbaren Gipfel des Himalaja, die aufgeregt umhertanzenden Sherpa-Kinder an den Flußufern, hört man den Klang von Gebetsmühlen und Glocken in den Klöstern: strahlende Erinnerung statt der kalten Langeweile, die Fehlschläge und erfolglose Mühsal bedeuten.

Es dauert nicht lange, und ich sitze über den ersten Vorbereitungen für Expeditionen zum Orinoko in Südamerika und in den Osten zum Karakorum.

Warum tun wir das überhaupt? Diese Frage wird uns immer wieder gestellt. Neugier? Herausforderung? Sicher gibt es tiefe psychologische und philosophische Antworten. Meine ist nicht besonders tiefgründig: Man kriegt die Idee, man macht einen Plan, man führt ihn aus und man zieht aus allem eine große Befriedigung. Aber im Grunde genommen ist es so, wie die Bergsteiger es ausdrücken, wenn sie gefragt werden, warum sie immer wieder den Berg erklimmen: „ . . . weil er da ist."

Bei der Expedition zum Karakorum im August 1978 ertrank Mike Jones, als er versuchte, einem Freund das Leben zu retten.

Erklärung der Fachausdrücke

Abfall	Wasserfall, Stufe im Flußbett
Auftriebs-körper	Luftsäcke oder geschäumtes Plastikmaterial zur Erhöhung der Schwimmfähigkeit des Boots
Blatt	flaches Ende des Paddels
Eskimo-Rolle, eskimotieren	Wiederaufrichten des gekenterten Boots ohne auszusteigen, wobei das Paddel als Hebel benutzt wird
Fall	Abfall, Stufe, Wasserfall
Kajak	einsitziges Paddelboot, oben durch ein Deck abgeschlossen. Die Sitzöffnung (Luke) wird durch eine Schürze (Spritzdecke) abgedichtet
Kaskaden	stufenförmiges Wassergefälle
Katarakt	Serie stufenförmiger Stromschnellen
Kehrwasser	Stauwasser, zumeist in einer Bucht; eine Art Wirbel hinter einem Hindernis am Ufer, geeignet, das Boot vorübergehend zu parken und die weitere Strecke zu planen
Loch	Vertiefung im Fluß meist unmittelbar dort, wo ein Wasserfall herunterkommt, mit sich drehendem Wasser
Monsun	jahreszeitlich wechselnder Wind, der starke Regenfälle verursacht
Prall, Prallwasser	ist ein Wasserschwall, der sich bildet, wenn die Strömung auf ein großes Hindernis trifft, zum Beispiel in Flußbiegung am Steilufer einer Außenkurve
Rolle, rollen	siehe Eskimo-Rolle
Schürze	auch Spritzdecke; Abdichtung der Kajakluke zwischen Mann und Bootsdeck

Schwall	durch Hindernisse zusammengedrücktes, fließendes Wasser
Seilfähre	Paddelmanöver im spitzen Winkel gegen den Strom, zumeist, um ein fließendes Gewässer zu überqueren
Spritzdecke	siehe Schürze
Stauwasser	Wasserstau, meist drehend, in Bucht oder Sackgasse; Kehrwasser
stehende Welle	bildet sich über einem Unterwasserhindernis (Stein, Stufe), das dicht unter der Wasseroberfläche liegt
Stromschnelle	im Stromzug liegende Hindernisse in dichter Folge wie Stufen, Felsblöcke, Engen
Stromzug	Verlauf der Hauptströmung, Flußmitte
traversieren	seitlich überqueren, das Boot seitlich versetzen (durch besondere Stellung des Paddels)
Trockenstart	im Originaltext heißt es „Seehundstart" – ein plastisches Bild für das hier gemeinte Manöver: der Mann besteigt sein Boot noch am Ufer, setzt es durch ruckweise Körperbewegungen in Schwung und rutscht im Kajak das Steilufer hinab ins Wasser
Turbulenz	sehr unruhiges Wasser
Verblockung	Felshindernisse im Stromzug
Walze	kräftige stehende Welle, die sich rückwärts dreht; sie entsteht hinter abfallendem Wasser – also eine durch den Wasserdruck verursachte Gegenwelle, die sich auf der Stelle wälzt. Meist laufen Walzen in Form einer Zunge seitlich ab
Zunge	kurzes befahrbares Stück Wasser, abwärtsfließend

31,—

REISEN,
MENSCHEN, ABENTEUER

Die neue Taschenbuchreihe SIERRA
bei Frederking & Thaler will über die äußeren und
inneren Reisen berichten, sie will unterhalten
und informieren, Verständnis für Fremdes wecken,
die Schönheiten und Wunder unserer Welt
aufzeigen, aber auch vor der Zerstörung des
Lebensraumes warnen.

Angela Kahl
Tibets wilder Osten
Mit dem Fahrrad über den
Himalaya
208 Seiten, 38 s/w-Fotos,
3 Karten
ISBN 3-89405-066-7

Tiziano Terzani
Fliegen ohne Flügel
Eine Reise zu Asiens
Mysterien
480 Seiten, 1 s/w-Foto,
1 Karte
ISBN 3-89405-087-X

Carmen Rohrbach
Jakobsweg
Wandern auf dem
Himmelspfad
297 Seiten, 40 s/w-Fotos,
1 Karte
ISBN 3-89405-081-0

SIERRA